禅が教える人生の大道

いまをどう生きる

臨済宗円覚寺派管長
横田南嶺
Yokota Nanrei

致知出版社

まえがき

『大般若経《だいはんにゃきょう》』に「般若を求めんに、疲倦《ひけん》を辞すること莫《なか》れ。睡眠を念《おも》うこと莫れ。飲食を思うこと莫れ。昼夜を想うこと莫れ。寒熱を怖るること莫れ。内外の法に於いて心散乱すること莫れ。行く時左右を顧視することを得ざれ。前後上下四維を覩（堀み）ること勿れ」という言葉があります。

私が常に座右においている禅書『禅関策進』にも引用されている言葉です。意訳しますと「真実の智慧《ちえ》を求めるならば、疲れ倦《う》むことをきらってはならない。眠りたいと思ってもならない。飲食のことを思ってもならない。昼とか夜とか思ってもならない。寒さ暑さを怖れてはならない。体の外にあるものや内にあるもの（欲望など）に心が乱れてはならない。道を行くときには左右をふり向いてはならない。前後上下四維を見てはならない」ということです。

とてもそのように実践できたとは言い難いのでありますが、このような言葉を常に念じて修行を続けてきました。今もなお修行の最中であると思っています。

そんな私が、致知出版社のご縁をいただいて、依頼に応じて講演などを行うようになってまいりました。思えば四十六歳の折に円覚寺派管長に就任するまでは、ほとんど講演などすることなく、禅堂の片隅で坐禅に明け暮れていました。

致知出版社は、私の恩師である松原泰道《たいどう》先生ともご縁が深いので、泰道先生のお導きかとも思い、請われるままに拙い話をしてきました。

それをこの度一本にまとめてくださったのであります。

第一章「願いに生きた禅僧たちの智慧」は致知出版社からの初めての拙著である『禅の名僧に学ぶ生き方の知恵』を出版した記念講演会でありました。

それから第二章から第四章までは、致知出版社主催の後継者育成塾での講演であります。

この後継者育成塾というのは、わずか二十名前後の小さな講座なのですが、それぞれの企業の後継者にあたる二十代三十代の青年たちの研修講座です。

致知出版社の藤尾社長は、こうした小さな講座にも力を注がれ、毎回聴講してくださっていました。

私も初めは、小人数で若い人たちの集まりであると気楽に引き受けていたのですが、イエローハット創業者の鍵山秀三郎先生が、この講座で実に精魂傾けたすばらしいお話をされたのを月刊『致知』誌上で拝読して、私は痛棒《つうぼう》をいただいた思いでした。

小さな講座であろうと、次世代を担う若い方々に全力を尽くされている鍵山先生や藤尾社長の熱意にこちらも奮い立つ思いが致しました。それだけに、毎回テーマを決めて、自分がその時に持っているものすべてを話し尽くす覚悟で臨みました。


第五章の「照らされて光る――混沌の世を生きる智慧」は、平成二十九年の致知出版社の新春特別講演会の講演であります。

新年は寺の行事が多くて日程の都合がつかずに、それを理由に何度かお断りしてきたのですが、とうとう断り切れなくなってしまったのでした。

致知の新春特別講演会には松原泰道先生も、お亡くなりになる年の新年に百一歳で講演されています。まさか自分がその新春特別講演で話すことになろうとは夢にも思わなかったことでありました。

それだけに、力をこめて話しました。何ヶ月もかけて、自分なりに精一杯準備をし、構成を練って会に臨みました。

幸いなことに、ノーベル賞を受賞された大村智先生の前座でありましたので、些《いささ》か気楽ではありましたが、それでも、自分のこれまでの修行で学んできたことのすべてを傾け尽くす覚悟で勤めました。

終わった後は全身の力が抜けてしまったようでしたが、藤尾社長が私に近づいて一言「今日はすばらしい講演だった」と心からのお礼の言葉をくださり、ホッと一息安《あん》堵《ど》したことでした。それから数ヶ月はなにをしてもあまり力が入らない状態が続きました。

有り難いことにこの講演は、致知出版社がすぐにＤＶＤにして出してくれました。それをこの度文字に起こして下さり、第五章に据えたのであります。

禅門では「明窓下に古教照心し，僧堂前に坐禅弁道する」と説かれます。明るい窓の下で、古徳の書を繙《ひもと》き古き教えを学んで自己の心を照らすということと薄暗い坐禅堂で専ら坐禅の実践をすること、この二つは車の両輪の如く大切だということであります。

教えを学ぶ事無く実践のみに片寄ると見識が狭くなり独りよがりになってしまうこともあります。逆に実践することなく、書物を学ぶだけでは単なる知識に終わってしまいます。このように学びながら実践し、実践してはまた学ぶということを繰り返してゆくことが大切でありましょう。

致知出版社からはすぐれた先人たちの書物もたくさん出版されています。まずその先人たちの書を繙いて欲しいと願います。

そしてたまには、箸休《はし》めのようなつもりで、私の如き拙い禅僧の思いの一端を、ご笑覧いただけたならば、望外の幸せであります。

禅が教える人生の大道＊目次

まえがき　*1*

第一講　願いに生きた禅僧たちの智慧

第二講　死を見つめて生きる——いつかまた一緒に

第三講　禅の教えに学ぶ智慧――正しい道を歩む

第四講　大木に学ぶ——根を養うという生き方

第五講　照らされて光る――渾沌の世を生きる智慧

装　幀――フロッグキングスタジオ
写　真――村越　元
編集協力――柏木　孝之

第一講

願いに生きた禅僧たちの智慧

◉桃栗三年、柿八年　蜜柑、大馬鹿二十年

「桃栗三年、柿八年」という言葉はよく知られています。皆さんもお聞きになっているでしょう。では、この後に続く言葉をご存じでしょうか。これにはいろいろな説があるようですが、私が得度《とくど》させていただいた白山《はくさん》道場（東京都文京区）の小池心叟《しんそう》老師は、よく**「桃栗三年、柿八年。柚子《ゆず》は九年で実を結ぶ。梅は酸《す》いとて十三年、蜜柑《みかん》、大馬鹿二十年」**と、そのようにいっておられました。

桃や栗が実るには植えてから三年がかかる。柿は八年ですからもっと時間がかかるのでありましょう。柚子は九年、梅は酸っぱいけれど十三年かかる、そして甘く美味《おい》しい蜜柑ができるまでには二十年はかかる。小池老師は「蜜柑」と「二十年」の間に「大馬鹿」という言葉を入れておりました。ここで大切なのは、この蜜柑と同じように時間がかかって初めて実る大馬鹿とは何かという問題です。

小池老師は修行を始めた頃、よく私にいわれたものです。**「大馬鹿になるんだ」**と。「禅の修行は馬鹿でも、小馬鹿ではいけない。大馬鹿になるんだ。その大馬鹿になる

には二十年は辛抱しないとなれないぞ」と。

小池老師と出会う前まで、私は学校で少しでもよい成績をとって賢くなるように、と教育されてまいりました。それがお寺に入って禅の修行を始めると「馬鹿になれ」といわれたのです。

私はあるとき、思い切って小池老師に、「馬鹿になるのが禅の修行であれば、最初から勉強しなくてもよいのでしょうか」と尋ねてみました。すると小池老師は、**「最初から勉強しないのは単なる馬鹿で、一所懸命勉強した末に大馬鹿になる」**といわれました。それ以上は説明されなかったのですが、大馬鹿になるとはどういうことなのか。以来、このことは私の心に引っ掛かって今日に至ったように思います。

◉松原泰道先生が貫いた誓願

今日は初めに松原泰道和尚と「衆生無辺誓願度《しゅじょうむへんせいがんど》」という言葉についてお話ししてまいりたいと思います。私が禅の道に入るに至った一番のご縁は、平成二十一（二〇〇九）年に百一歳で亡くなった松原泰道先生との出会いでありました。

私が中学生のとき、泰道先生はラジオで毎月『法句経《ほっくきょう》』の講義をされておりました。そのわかりやすい明朗な口調に惹《ひ》き込まれて、毎回熱心に聞いておりました。

そのラジオ講義が終了した頃、たまたま上京する機会があり、私はぜひお目にかかりたいと先生にお手紙を書いたのです。

当時泰道先生は、ご講演や執筆で多忙を極めておられましたが、一面識もない中学生からの手紙にお返事をくださり、面会の約束までしてくださったのです。

そして初めてお目にかかったときに書いてくださったのが、

「花が咲いている
精一杯咲いている
わたしたちも
精一杯生きよう」

という言葉でした。

これは今日に至る私の人生を貫いてきた言葉です。将来もしあなたの一生とはどういうものだったのかと問われたならば、「中学生のときに泰道先生にお目にかかり、花のように精一杯生きよといわれ、その言葉どおり精一杯生きて死んだ」——そう答えられるとしたら、私にとって本望だと思っているほどです。

さて、それから二十年ほどが経《た》って泰道先生が九十歳を迎えられ、私の坐禅の修行もほぼ終わりかけていた頃、「自分はこれからどのように生きていけばよいのだろうか。一生涯の指針となる言葉をいただきたい」と、泰道先生に書をお願いしました。

そのときに先生が書いてくださったのが、

「衆生無辺誓願度」

という言葉でした。

お経の言葉ですから、一般の皆様方には少々わかりにくいと思います。まず「衆生」というのは生きとし生けるもの、「無辺」とは限りがないという意味です。生きとし生けるものの悩みや苦しみ、悲しみは尽きることがないのです。

次に「誓願度」の「度」とは「渡す」という意味です。こちら岸の迷いの世界から、あちら岸の悩みのない安らかで幸福な世界に生きとし生けるものを渡して差し上げる。そのことを誓う仏教の言葉が「衆生無辺誓願度」です。

平たく申しますと、「生きとし生けるものが皆幸せでありますように」という願いともいえましょうか。この言葉を書いていただいたとき、なるほどな、と思いました。

泰道先生は、もう少しで満百二歳をお迎えするというときに亡くなりましたが、その先生はかねがね**「生涯現役、生涯修行、臨終定年」**といっておられました。臨終のときまで自分は精一杯努めて働くのだというお言葉のとおり、最後に法話をされたのが亡くなる三日前でした。その法話のＣＤを私もいただきましたが、少しの衰えもない素晴らしい内容でございました。

その法話をすませて、どうも具合が悪いというので明くる日に入院なさいました。初めての入院だったそうです。そして初めての入院は三日間でした。その三日の間に、娘さんたちや親族の方たちと一通りのお別れをすませて、お亡くなりになったのです。

先生が亡くなったとき、私は東京におりましたので、すぐに駆けつけました。すると、先生の棺《ひつぎ》の傍《そば》に先生の直筆の言葉が掲げられていました。

「私が死ぬ今日の日は、私が彼の土でする説法の第一日です」

彼の土においても説法を行い、悩める人々を救済したいという「衆生無辺誓願度」の願いを、亡くなった後もなお先生は貫いておられたのです。

◉真剣な姿が周りを感化していく

その「衆生無辺誓願度」という言葉について、泰道先生は『雑宝蔵経《ぞうほうぞうきょう》』という仏典にある譬《たと》え話を使ってよく説明してくださったものです。それは一羽の小鳥を巡るお話です。皆さんもどこかでお読みになったことがあるかもしれません。思い出すたび、読み返すたび、非常に深い味わいを感ずる話です。それはこういう話です。

山に餌《えさ》を探しに来た一羽の小鳥が道に迷ってしまいます。するとと、動物たちが現れて、食べる物や眠る場所を与えて介抱し、小鳥はいつしかその山に暮らすようになりました。ところが、ある日、風に吹かれた木々が擦《す》れ合ううちに火がついて、山火事が起こりました。最初はほんの僅《わず》かな火であったのが、瞬《また》く間に森全体に燃え広がってしまいました。ライオンや象などの大きな動物たちはなんとか火を消そうと努力しましたが、どうにも手に負えなくなって、皆諦《あきら》めて山から避難しようとしました。

そのとき、ふと振り返ってみると、あの一羽の小鳥が近くの池に飛んでいっては羽に僅かな水滴を浸し、火にかけ続けているではありませんか。もう羽も真っ黒に焦《こ》げかけています。

その様子を見た動物たちは、小鳥に「無駄なことはやめよ。我々が力を尽くしても到底できないことなのに、あなたが数滴の水を羽に浸してかけたとしても、この火を消せるはずがない」と声を掛けました。

小鳥は答えました。

「私がいくら頑張ったところで、この大きな山火事の火を消すことができないのはよくわかっています。けれども、私はこの森にお世話になりました。そのご恩は忘れられません。お世話になった森が燃えていくのをただ黙《だま》って見ているわけにはいかないのです。私は自分の命がある限り、水をかけ続けます」

それを聞いた動物たちは、「あの小さな小鳥でさえ頑張っているのだから、我々も努力しないわけにはいかない」と引き返して、懸命に消火活動を始めました。

その様子を神々がご覧になって火を消してくださった、という譬え話です。仏典には、火を消そうと願った小鳥こそ、お釈迦《しゃか》様の前世であったと説かれています。

この話には私たちが学ぶべきことが多くあります。一つは、この小鳥のように無駄なことだと周囲からいわれてもやむにやまれぬ気持ちで何かを実践し続けていくと、その姿を見た人たちがいつの間にか感化され、一緒に頑張り始めるということです。さらに山火事は神々によって消されたとされていますが、これはきっとその願いが次の世代へと受け継がれ、やがて現実となることを意味しているのではないかと思います。

◉心に強く願うことは必ず現実になっていく

『法句経』には**「ものごとは心にもとづき、心を主とし、心によってつくり出される」**というお釈迦様の言葉があります。あらゆるものは人の心がつくり出していくという華厳《けごん》の教えです。詩人の坂村真民《しんみん》先生も「念ずれば花ひらく」というわかりやすい言葉でそれを表現されています。

しかし、「心によってつくり出される」というと、一般には伝わりにくいもののようです。真民先生も、この「念ずれば花ひらく」という言葉を一番に伝えたかったのですが、お聞きしたところでは、「二度とない人生だから」や「一本の道を」といった詩はよく教科書に載るけれど、「念ずれば花ひらく」は載らないというのです。それはもしかすると「念ずれば」という言葉に引っかかりがあるのかもしれません。

確かに誤解をされると非常に困る言葉です。念じているうちに扇子《せんす》が折れ曲がるというようにとらえられては困ります。もちろん、真民先生が「念ずれば」という言葉に込められたのは、そういうことではありません。一所懸命念じていけば物事は実現していくということです。

あらゆるものは人の心がつくり出すというのは、決して怪しい世界でもいかがわしい世界でもありません。たとえば飛行機にしても、一人の人間が一代で作ったのではありません。おそらく初めは、誰か一人が鳥のように空を飛びたいと願ったのだと思います。誰も本気にはしなかったでしょう。その人は背中に羽のようなものをつけて飛ぶ練習をしたかもしれません。練習中に死んでしまった人もきっといたに違いありません。

しかし、それでも空を飛ぶことを一所懸命に願って幾度も挑戦を続ける中で賛同者が現れ、「もう少し飛べやしないか、もう少し飛べやしないか」という願いを次の世代へ受け継いでいったのでしょう。その思いがライト兄弟に引き継がれて飛行機が発明され、今日のような飛行機ができあがったのです。今ではもう、あんなに大きなものが空を飛ぶのを見ても、誰も不思議に思いません。思い、願う心があったればこそ、飛行機ができたというふうにいえるのではないでしょうか。何も願わない、何も思わないのに、天から飛行機が降ってきたという道理はないはずです。

私たちが心に抱く「衆生無辺誓願度」の願いも、一所懸命に願い、実践していくことで必ず実現していく。このことを信じたいと思うのであります。

◉私たちを苦しめる三つの迷い

穏やかなお釈迦様には珍しく、激しい口調で語られた「山上の説法」というお説法があります。これはイエス・キリストの有名な「山上の垂訓《すいくん》」から名前をつけたのではないかと思います。

あるとき、お釈迦様は大勢の弟子を連れて「伽耶山《がやさん》（ガヤシーサー）」という小高い山に登られました。そして、山頂から町を見渡し、比丘《びく》（修行者）たちにこう言われたのです。

比丘たちよ、一切は燃えている。熾然《しねん》として燃えている。なんじらはこのことを知らねばならぬ。

比丘たちよ、人々の眼は燃え、また眼の対象は燃えている。人々の耳は燃え、また耳の対象は燃えている。人々の鼻は燃え、鼻の対象は燃えている。人々の舌は燃え、舌の対象は燃えている。身体は燃え、また身体の対象も燃えている。さらに、人々の意もまた燃えており、その対象もまた燃えているのである。

もちろんよい意味で燃えているのではありません。人々は貪欲《どんよく》の火、怒りの火、愚痴《ぐち》の火によって燃えている。あなた方は、まずそのことを自覚しなければならないのだ。そうお釈迦様はおっしゃっているのです。

お釈迦様は、人間には三つの迷いがあると説かれます。

一つ目は「**貪り**《むさぼ》」。目で見、耳で聞き、鼻で嗅いで、舌で味わい、体で触れてみて、少しでも心地がよいもの、自分に快楽をもたらしてくれるものに対して、貪り欲しがる火に燃えている。これが迷い苦しみになるのです。

次には**「怒り」**です。目で見、耳で聞き、鼻で嗅いで、舌で味わい、体で触れてみて、自分が嫌いだ、不快だと思うものに対し、これを退け排除しようとする。これが怒りや憎しみ、嫉妬の感情となって火のように燃え盛っているというのです。

そして三つ目が**「愚痴」「愚かさ」**。愚かさというのは無知という言葉に等しいものです。知らない、知ろうとしない。これは無関心という言葉に近いのかもしれません。「貪り」「怒り」よりもある意味で根深いようにも思います。何事も自分には関係ないと言って知ろうとも、関わろうともしない。そういう愚痴、愚かさの火で燃えていることを自覚しなくてはいけないとお釈迦様は説かれたのです。

私なども電車に乗りますと、ああ電車の中は燃えているな、と思います。それは貪りの炎でありましょうか、欲望の炎でありましょうか。

森信三先生は立腰《りつよう》の大事さを説かれましたが、この頃の若い人たちは、よくここまで腰を曲げて座ることができるなと感心するぐらい腰を曲げて、そして頭を下げて、一心にスマートフォンを見つめています。よほど忙しい仕事でもしているのかと思ってたまに覗《のぞ》くと、なんだか丸いゴチャゴチャしたものをわいわいわいわいやっている。ゲームも息抜きでほどほどにやれば問題はないのでしょうが、それに貪り耽《ふけ》ってしまったならば、貪りの炎に燃えてしまうことになります。きちんと節度を弁《わきま》えている分にはなんら問題はないと思いますが、それが貪りの炎に燃えてしまうと大事なものを見失ってしまいます。

◉仏様の生き方の智慧に気づく

『法華経《ほけきょう》』には**「三界《さんがい》は安きことなし、猶火宅《なおかたく》の如し」**という有名な言葉があります。三界とは迷いの世界です。それはまるで火で燃えている家のようなものだというのですが、迷いの世界にいると、そこが燃えていることも、火が何であるかも知りません。

これに続くのが**「衆苦充満して　甚だ畏怖《いふ》すべし」**という言葉です。迷いの世界にはさまざまな苦しみが満ち溢《あふ》れている。恐れなければいけない、というのです。

そして**「常に生老病死の有患あり」**。「有患」は仏教では「うげん」と読みます。いつも生老病死という憂い煩《わずら》いがある。

「かくの如きらの火　熾然としてやまず」。「熾然」とは火が燃え盛る様子を表す言葉です。このような火がずっと燃え盛ってやむことがない。

しかも『法華経』には、この燃え盛る火の中にいる人たちは、今自分の住んでいるところが燃えていることを知らない、とあります。さらにいえば、火とはなんであるかということにも気がついていない。そのような今まさに燃えようとしている人たちをどう救っていったらいいのであろうか、と。

その願いが「大事因縁《だいじいんねん》」という言葉になります。これは「最も大切なこと」という意味合いで受け止めておいたらよろしいでしょう。

では、迷いの火に燃えている人々を、どうすれば救うことができるのでしょう。それが『法華経』にある次の言葉です。

諸仏世尊は、衆生をして仏知見《ぶっちけん》を開かしめ清浄なることを得せしめんと欲するが故に、世に出現したもう。

諸々の仏様は、迷い苦しむ人々に仏様の智慧の眼を開いてもらい、清らかな心になってもらいたいがために、この世に現れたのである、といっています。これは『法華経』の中でも大変大事にされている言葉です。

つまり、私たちがこの世に生まれて最も大事なこと、「大事因縁」は、一人ひとりが仏様の智慧の眼を開く、生き方の智慧に気づくことだというのです。

さて、大切な智慧の眼を開くためには何が一番大切なのでしょうか。次はこのことを少し学んでいきたいと思います。

◉多くの仏縁に導かれて

私は幸いにも昭和の時代を代表する素晴らしい先生方にご縁をいただきました。泰道先生とのご縁はその中で最も大きなものでございました。坂村真民先生とはついぞ直接お目にかかれませんでしたが、高校時代から何度も手紙でやりとりをさせていただき、送ってくださる『詩国《しこく》』を読ませていただいておりました。

もうひと方、忘れられないのが名僧・山田無文《むもん》老師との出会いです。これも高校時代、ラジオでお話を拝聴したことがきっかけとなりました。当時、テレビは子供よりも大人が見るもので、子供たちの楽しみはラジオを聴くことでした。

無文老師はそのラジオ番組の中で、菩提心《ぼだいしん》という言葉を使われました。菩提心とは悟りを求める心という意味ですが、それを深く掘り下げた「**自未得度先度他**《じみとくどせんどた》」（自ら未だ得度せざるにまず他を度する）、すなわち、まず自分が救われる前に、人を救おうと願う心が大切である、という言葉を紹介され、「**銘々**《めいめい》**がその菩提心を起こせば、この世界は一度に争いがなくなるのである**」と説かれました。

私はいたく感動を覚え、ぜひお会いしたいと願いましたが、当時、無文老師は京都妙心寺派管長になられたばかりで禅の世界では雲の上の人でした。和歌山の一高校生がお会いする術《すべ》もありません。

しかし、念ずれば花ひらくです。私の田舎は禅僧の山本玄峰《げんぽう》老師がお生まれになった場所でした。玄峰老師は無文老師より少し前の方、世代でいうと三、四十年くらい古い方です。無文老師が玄峰老師を非常に尊敬されているということは、田舎のお寺の坐禅会に行ったとき、カセットテープで聴かせていただいた無文老師のお話から知りました。

当時、すでに玄峰老師はお亡くなりになっていました。私は一度お墓にお参りしたいと思い、高校生のとき、熊野の湯の峰というところにある玄峰老師のお墓に参拝に行きました。その場所は、私の生まれたところからバスに乗って一時間半くらいも山道を行くような大変辺鄙《へんぴ》なところです。停留所で降りても、お墓がどこにあるのか全《まった》く見当がつきません。

たまさか目の前にいたご年配のご婦人に「山本玄峰老師というお方のお墓はございませんか」とお尋ねしたところ、その方はびっくり仰天《ぎょうてん》されて「あなたは玄峰老師のお墓にお参りに来たの？」と聞いてきました。なんとその方は、玄峰老師がお生まれになった旅館の女将さんでした。玄峰老師の生前には、よくお仕えしていらしたそうです。

女将さんは非常に喜ばれました。すぐさま旅館の車で玄峰老師のお墓まで案内してくださり、私はお墓参りをさせていただくことができました。

そしてその女将さんから「来月、この旅館に山田無文老師がお見えになる。せっかくだからぜひ会いなさい」というお言葉をいただいたのです。

なんとも不思議なことがあるものだと思いました。一度ぜひお目にかかりたいという願いが通じたのか、普通にお願いしてもとうてい辿《たど》り着けないようなお方に、こうしてお会いすることになりました。私は温泉旅館でお休みになっている無文老師と一対一でお目にかかることができました。そのときの感動もいまだに忘れることができません。

◉自分のことよりも相手を思いやる心が大事

「衆生無辺誓願度」という願いは、四つある仏の願いのうちの一つです。「衆生無辺誓願度」に続いて、自分の貪り怒りなどの煩悩《ぼんのう》を誓って断ち切っていく**「煩悩無《む》尽《じん》誓《せい》願《がん》断《だん》」**、学ぶべき無限の教えを少しでも学んでいこうという**「法門《ほうもん》無《む》量《りょう》誓《せい》願《がん》学《がく》」**、お釈迦様の説かれたような、皆が安らかに幸福に生きられる世を成就させていこうという**「仏道《ぶつどう》無《む》上《じょう》誓《せい》願《がん》成《じょう》」**があります。

昔からよく仏教の世界で問題になるのがその順番です。四つの願いの順序が違うのではないかというのです。最初に「衆生無辺誓願度」が来ているけれど、自分の煩悩を断ち切り、多くの経典を学び、悟りを得ることこそ第一にやるべきで、衆生を救うのは自分をしっかりさせた後なのではないか、というのです。なるほど、そう聞くともっともなようにも思えてきます。自分自身がしっかりしていないのに、どうして人を救っていくことができましょうか。この説もかなり説得力があります。

しかし我々の学んできた祖師方、とくに鎌倉時代の禅僧・夢窓疎石《むそうそせき》国師などはその説を否定しています。まず自分が修行して悟りの眼を開いてから人々を導いていくのではなく、人々をなんとかして救おう、この世の中をなんとかよくしていこうという気持ちを最初に持て、といわれるのです。

白隠《はくいん》禅師のお弟子の東嶺《とうれい》和尚は、商売に譬えてこの疑問にわかりやすく答えています。自分だけ儲《もう》けようと商売をしても大きな仕事はできない。逆に、ちょっとしたことで潰れてしまうことも多い。それよりも最初に皆を幸せにしよう、世の中を豊かにしよう、そのために自分はこの商売をするのだ、という大きな願いを持ってやる。そのほうが大きな力が出て、少々のことでは挫《くじ》けないし、大きな仕事ができる。仏教の修行もそれと同じで、自分の悟りだけしか求めない人には小さなことしかできず、挫けやすい。それよりもまずは大きな願いを持って修行をすることこそが大事だというのです。

「薫習《くんじゅう》」という、仏教の修行において非常に大事な言葉がございます。よい環境、よい仲間と交わっていれば、香りが身に染みつくように自然とよい教えが身についていくという意味で使われます。これを道元禅師は「霧《きり》の中を歩めば覚えざるに衣湿《しめ》る」

と表現しております。霧のかかった湿った中を歩いていると、濡れたなと意識しなくても衣がしっとりしている。それと同じように、常によい環境に自分を置いていけば、よいことが自然と身についてくるということです。

夢窓国師は、この「薫習」という言葉を独自の使い方をされて、人々の苦しみを悉《ことごと》く救っていきたいという大きな願いを持つと、その願いが香りのように自然に自らの心に染みつくと述べています。

生きとし生けるものの悩み苦しみを悉く救う。それくらいの大願を持つと、その願いは仏様の願いと同じなのだから、自分の抱いた願いがいつしか体と心に香りのように染み込んで、修行がどんどん進んでいく。小さな願いではこのような薫習は得られないというのです。

◉誰もが皆、素晴らしい宝を持って生まれてくる

冒頭、「桃栗三年、柿八年」というお話をいたしましたが、お寺におりますと、ありがたいことに果物や野菜だけでなく新米もよく頂戴いたします。とりわけ印象深い

のが、盛岡で農業をされているあるご婦人から毎年届く新米です。

ご婦人とは五、六年前、円覚寺の坐禅会に参加してくださったのがご縁でした。日帰りの会なら百人、二百人の参加者がいますが、泊まり込みの坐禅会となるとなかなか修行も厳しく、女性の参加は珍しいので何かご事情でもあるのかと思い、あるときお話をお聞きしたのです。

ご婦人がおっしゃるには、息子さんがスポーツ選手だったそうです。「だった」と過去形でした。皆さんはモーグルという競技はご存じでしょうか。私はそのときまで知りませんでした。「モーグルの選手です」といわれたので海に潜《もぐ》るのかと思いきや、雪の上をスキーで跳んだりする競技のようです。

息子さんは、学生時代に大きな大会に出るほどの選手だったそうです。ところが、大会中に事故で首の骨が折れてしまいました。幸い一命は取り留めましたが、ついさっきまでスポーツの代表選手だったのに、目が覚めたら首から下が動かなくなっていました。一瞬先はどうなるかわからないといいますが、まさにそのとおりです。

一家にとっても大事件でありましょう。息子さんは「これからどうして生きていったらいいのかわからない」と絶望し、生きる希望を失ってしまいました。一生涯誰かの世話にならなければ生きていけない。その現実を受け入れることができず、死のうと思ったそうです。

どちらかの手の指が一本か二本、微《かす》かに動くそうです。それを頼りに電動車椅子で病院の屋上まで上がり、飛び降り自殺を図ろうとしました。しかし、体が動かないから飛び降りることもできず、思い止《とど》まったのだそうです。そのとき、自分はもう死ぬこともできないと思った、といいます。お母さんも大変です。どれだけ大変な思いをされたか計り知れません。

しかし、お話を聞いていて驚きました。その息子さんはそこから大学に復帰し、さらに一人暮らしを始めたというのです。

ご婦人は「私はあの子が転んでも絶対に起こしてあげないんです」とおっしゃいました。体が不自由な子が転べば、すぐにでも手を差し伸べたいのが親というものでしょう。けれども、ご婦人は自分が先に亡くなったとき、息子さんが一人で生きていかなくてはいけないことをわかっておられたのです。

息子さんにもその思いが伝わったのか、「自分は母のために生きるんだ。自分が暗くなれば、お母さんがいつまでも辛い思いをしてしまう。だから、頑張って生きるんだ」といっていたそうです。その言葉のとおり、彼は一所懸命勉強して運転免許を取得し、今は地方公務員として立派に自立しておられます。

ご婦人は私にこういわれました。

「管長さん、私はいろいろ苦しんで悲しんで、泣くだけ泣きました。でも私が子供にできることはたった一つ。一日一日を明るく生きること。それだけです。もし私が辛い顔をしていたら、息子は母が悲しむのは自分のせいだと自分を責めてしまう。だからこれからも明るく生きていくの」

もし、お二人が自分のことばかりを考えていたら心は折れていたかもしれません。しかし、息子さんは母のために生きよう、ご婦人は息子に辛い思いをさせたくないために明るく生きようと、それぞれに思いを貫いて生きておられます。

人間というものは、何か人のために尽くすことによって、大いなる力を得ていくものなのでしょう。これが「**己、自ら未だ得度せざるにまず他を度せんと願う**」ということです。私は菩提心の発現ともいえる、この母子の姿からそのことを教わる思いでした。

◉大きな願いの中に人は永遠に生き続ける

そのような人間の素晴らしい心は誰かから教わるものではなく、人間は皆生まれながらに持っていると仏教では説いています。

江戸時代前期に生きた盤珪永琢《ばんけいようたく》禅師という名僧がおられます。関ヶ原が終わって二十年くらい後にお生まれになった方です。仏教哲学者の鈴木大拙《だいせつ》先生が随分高く評価をしていらっしゃるので、よくお勉強なさっている方は聞いたことのある名前かもしれません。私も非常に魅力を覚える禅僧の一人でございます。

盤珪禅師は今の兵庫県の姫路のお生まれで、お父さんはお医者でございました。わりにいい家のお生まれです。

子供の頃、寺子屋のような村の塾で中国古典の『大学』を学びました。『大学』の最初に「大学の道は、明徳《めいとく》を明らむるに在り」とあります。普通の人ならば、ああそうか、大学の道は明徳を明らかにすることなんだなと思って終わりですが、この盤珪禅師は、明徳とはいったい何かという大きな疑問を持ちました。この私にも明徳はあるものなのか、どうしたら明徳は得られるものなのか、と。

そして、村の学者といわれる人たちに次から次へと「明徳とはなんですか」と聞いて回りました。しかし、誰からも納得できる答えは得られませんでした。

一人の学者が「禅宗のお坊さんなら知っているのではないか」といいました。そうかと思い、盤珪禅師は禅宗のお寺を訪ねて「明徳とはなんですか」と尋ねました。

すると和尚さんは簡潔に答えました。「その答えが知りたければ坐禅をしろ」と。「どのくらい坐禅をしたらいいですか」と聞くと、「わかるまで坐禅をしろ」。実に明解な答えであります。

盤珪禅師は根が正直な方でしたから、いわれたとおりに坐禅を続けました。七日も十日も何も食べずに岩の上で坐禅をしたり、乞食《こじき》の群れの中に交じって坐禅をしたり、あるときは川の中で立ったまま工夫をして坐禅をしてみました。

しかし、わかりません。わからないまま、とうとう二十四歳になりました。盤珪禅師は畳二帖《たたみにじょう》ほどの小屋の中に食事を運んでもらう場所と大小便を流すだけの穴を作って、ひたすら坐り続けました。お尻は膿《う》み爛《ただ》れ、脚を乗せる太腿《ふともも》も膿み爛れました。それだけではありません。肺を患って血の痰《たん》を吐きました。生死の極限に至るまで坐禅を続けたのです。

そんなある朝、梅の花の香りをふっと嗅《か》いだ瞬間、はっと気づきました。そのとき頭に浮かんだのがこの言葉です。


「人々みな、親の産み付けてたもったは、不生の仏心一つでござる」


人は皆、親からもらったのは不生の仏心だけである、と。不生ですから、生ずることがない。生ずることがないのだから、永遠に失われることもない。永遠にあり続けるのが、この仏心一つであることに目覚めたのです。

この不生の仏心が働いていくと菩提心、人のことを思いやり慈しむ心が現れます。そのことに気がついた盤珪禅師は、禅の難しい説教はほとんどせずに、「人が持って生まれたのは仏心一つである」ということだけを生涯をかけて説き続けました。

お釈迦様にせよ、山田無文老師にせよ、夢窓国師にせよ、盤珪永琢禅師にせよ、やはり世の達人たちというのは皆、至り得るところは一つのような気がいたします。

◉自分の中にある宝に気づくことが本当の救いである

江戸時代の儒者、中江藤樹《とうじゅ》先生は、

「人々の心の中に明徳と名づけたる無価の宝あり。これを性命の宝と云、天下第一の宝なり」

といっております。

一人ひとりの中に無価の宝が眠っている。無価とは価のつけようもないほど貴いということです。そのことに気づいていただくのが本当の救いなのです。

貪りの炎に燃えている人々に、貪ってはいかんといってもますます貪り、怒りに狂っている人に、怒り憎しんでもしょうがないといっても怒りの炎がますます燃え盛るのは、自分自身の宝に気がついていないからです。自分の宝に気がついていないから外にばかり攻撃の目が行くのです。

明治の初めに円覚寺の管長を務められた今北洪川《いまきたこうせん》老師は**「そのものたるや天地に先立ちて生じ、古今に亘り常に現在す」**といわれました。私たちが心のうちに持っている素晴らしい宝は、この天地より前にずっとあり続けて、今に至るまで決して失われることはない、というのです。

ただ、皆がその宝を見失ってしまっているがために、貪りの炎、憎しみの炎、愚かさの炎が燃え盛って争いを繰り返している。その炎を収めるために自らの宝に気づいてもらいたいというのが仏の願いに他なりません。

白隠禅師は最晩年、その願いを**「雪を擔《にな》って、古井《こせい》を塡《うず》む」**という言葉で表現されました。石や土を投げ込めば、どんなに深い井戸でもいつかは埋まりますが、雪をいくら投げ込んでも、決して埋まることはありません。

しかし、「そのいくらやっても切りがない無駄事だと思われることを馬鹿になってやり続けるのだ」と白隠禅師は最晩年になっていっておられます。

一人ひとりが明徳、仏心という素晴らしい宝を持って生まれているということを、ありとあらゆる人々に知らせ、気づかせてあげたい。そんなことは無理だと他からいわれようとも、その願いを抱き続けていく。冒頭に述べた「蜜柑、大馬鹿二十年」の意味するところはまさにそれです。二十年どころではなく、生涯をかけて貫いていこうという願いがそこに説かれているのです。

◉願うことをやめなければそれは必ず実現する

『華厳経』にも、次のような言葉があります。

虚空世界尽き衆生及び業と煩悩と尽くるに至るまで、是くの如く一切尽くること無き時には、我が願は究竟《くぎょう》して恒《つね》に尽くること無し

この世界が尽き果てて、人々の煩悩や迷いが尽き果てることがない限りにおいて、私の願いも尽きることはない、ということです。この願いは自分一代で終わるものでは決してないのです。

鈴木大拙先生に、「禅の悟りとはいかなるものですか?」と尋ねた人がいました。その問いに対して大拙先生は、「私の悟りは衆生無辺誓願度ということだ」と答えました。自分が悟って満足をするというものではない。どこまでも生きとし生けるものの幸せのために尽くしていく。願いは尽きることはないのだ、と。これが本当の悟りでございましょう。

願いとは単に私の願いなのではなく、時を超えて願いが生き続けていくものなのです。そして、その願いの中に私たちも永遠に生き続けていくのでしょう。それは松原泰道先生のいわれた「私が死ぬ今日の日は、私が彼の土でする説法の第一日です」という言葉にも明らかです。無限にこの願いがどこかに受け継がれて続いていくのです。

そんな大層なことを願っても無理かもしれないと思う方は多いかもしれませんが、そんなことはありません。

皆さんは雨乞《ご》いの話をご存じでしょうか。ある村に雨乞いの達人がいたというのです。その達人が祈れば必ず雨が降るというので重宝されていました。「あなたが雨乞いをするとどうして必ず雨が降るのですか」と達人に聞いたところ、達人は答えました。「秘訣《ひけつ》はただ一つ。雨が降るまで祈ることだ。途中でやめるからいけない。雨が降るまで祈り続ければ、雨は必ず降る」と。仏の願いもそれと同じです。

皆さんもどうか、この世の中を見て菩提心を起こしていただき、「衆生無辺誓願度」の願いにお互いに生きてまいりたい。そう強く願うものであります。

第二講

死を見つめて生きる
――いつかまた一緒に

◉誰もが必ず経験する死というものをどう受け止めるか

最近、死というものをどう受け止めるかということについて聞かれる機会が多くなりました。昨年（二〇一四年）の暮れにも「日本肺癌学会《はいがん》」という、お医者さんばかりが千人以上も集まるような大きな学会で話をしてくれと頼まれました。私もいろんなところで講演をしていますが、お医者さん相手に話をするほどやりにくいものはありません。私は袈裟《けさ》を着ていきますから、たぶんお医者さん方は「坊主はまだ早い」と思っているでしょう。この頃よく耳にする「アウェー」というのは、こういうことをいうのかと実感しました。

この学会では、仏教は死をどう見ているのかというテーマで話をしてほしいといわれました。たくさんの講座がある中の一つでしたし、お医者さん方は懸命に肺癌の治療をして患者さんを生かそうと努力をしているのですから、死の話なんて誰が聞くのかと思っていたのですが、意外や意外、立ち見が出るほど集まっていただきました。変わった身なりの者が来たからというので、もの珍しさもあったのかもわかりません。

その一方で、やはり多くのお医者さんや看護師さんが死というものをどう受け止めるかということに大きな関心を持っているのだなと感じました。

この学会の他にも、この頃は安保法（安全保障関連法）の改正がありまして、鎌倉の円覚寺は横須賀《よこすか》の自衛隊基地が近くにあるためか、若い自衛官の人たちからも死をどう見つめたらいいのかという質問を受けます。否応《いやおう》なしに死の危険が増してくる中で、自衛隊の現場では死というものについて教えてくれるような時間はないそうです。皆さんが不安に思っているということをひしひしと感じています。

そんなわけで今日は「死」についての話をしてみようと思っています。

最初にお断りしておきますが、私がこれからお話をする死生観とは、死後の世界がどうなっているかという問題にかかわるものではありません。死後の世界については、稲川淳二さんとか丹波哲郎さんとか、ああいう先生方の専門の領域でございます。

ある人が丹波哲郎さんに「丹波さん、死後の世界って本当にあるんですか？」と聞いたそうです。丹波さんは「ある」とお答えになった。「本当ですか？　どんなところですか？」と聞くと「非常に住みやすい、いいところだ」と答えた。「どうしてわかるんですか？」と聞くと「うーん、いまだかつて誰も帰ってきた者はいない」といったといいます。誰も帰ってこないほどいい世界だというわけです。本当かどうかわかりませんけれども。

今日はそういう死後の世界の究明ではなくして、やがて我々が必ず経験するであろう死というものを見つめて、私たちはどう生きるかということを学びたいと思います。

◉末期の癌患者のつくるイチゴジャムがおいしい理由

肺癌学会に呼ばれて行ったのには理由があります。精神科医でカウンセラーの海原《うみはら》純子先生に私どもの円覚寺で以前講演をしていただきました。私が新聞に掲載された海原先生のコラムを読んで非常に感銘を受けて、ぜひ話を聴きたいといってお招きしたのです。その講演会にお越しいただいたとき、海原先生から肺癌学会で話をしてほしいといわれたのです。

私が感銘を受けた海原先生のコラム記事には「イチゴジャムの話」という題がついていました。海原先生はある方から毎年イチゴジャムをいただくそうです。そのジャムが店で売っているものや手作りのジャムとも違って非常においしいので、仲間内で話題になったそうです。

イチゴジャムはイチゴと砂糖で作りますから、いいイチゴを使っているのかもしれない。砂糖はいろいろ種類がありますから、きっと特別のものを使っているのだろう。そういう話になって、ご本人に聞いたところ、「何も特別な砂糖は使っておりません。スーパーで売っている砂糖です。イチゴもそのへんのスーパーで買ったイチゴです」という答えが返ってきたそうです。

それでは、なぜこのイチゴジャムは特別おいしいのだろうか――。これは海原先生の想像ですが、イチゴジャムを作ってくれる人は末期の癌患者で、仕事も辞めざるを得なくなりました。そういう中でイチゴジャムを作っているのです。今年作るこのイチゴジャムが自分にとって生涯最後のイチゴジャムになるかもしれない。そういう思いで作っているのではないか、その思いが味の違いとなっているのではないか、と海原先生は考えたというのです。

このコラムを読んだ時、いい記事だなぁと思いました。私がお伝えしたい「死を見つめて生きる」というのは、まさに今申し上げたような気持ちなのです。

肺癌学会に講演に行ったとき、控え室で海原先生にお会いしました。そのとき、

「管長さん、どうぞ」とイチゴジャムをいただきました。実は私、そのイチゴジャムの話を忘れていました。だから「なんでしたっけね?」とお聞きすると、海原先生は「あのコラムに書いたイチゴジャムです。あの方はまだ元気です」といわれました。なるほど、いただいてみると、おいしいイチゴジャムでございました。

こういうイチゴジャムのご縁があって、肺癌学会までまいりまして死を見つめるということについてお話をさせていただいたのです。

◉死とは人生最大の逆境である

人生にはさまざまな逆境があるでしょう。鍵山秀三郎先生の本に「企業にとって最大の逆境というのはお客の来ないことである」と書いてあったと思います。確かに経営者にとって、それは大きな逆境であろうと思います。しかし、数ある逆境の中でも、死の問題というのは非常に大きなものといえるでしょう。

私の実家は小さな会社を営んでいました。もともとは鍛冶屋《かじや》で、父親の代になってから少しばかりの従業員を抱えて鉄工業を営むようになりました。父親も母親も口を揃えていうことですが、従業員が死んだときほどつらいものはない、と。

今、安倍首相がお元気に活躍されていますが、ほんの数年前には今日の活躍が全く想像できませんでした。第一次安倍内閣が退陣した後、安倍さんはしばらく東京の谷《や》中《なか》にあるお寺に坐禅に通っていらっしゃいました。そのお寺の和尚とは私も懇意にしているため話に聞いていましたけれど、当時の安倍さんは総理大臣を務めた人にはとても見えないというほど、やつれ、憔悴《しょうすい》しきった姿であったそうです。

いろいろなことが重なってそういう姿になったのでしょうけれども、おそらく自らが信任をした松岡（利勝）農林水産大臣が自殺をしたことがかなり堪《こた》えたのではないかと思います。死というものを目《ま》の当たりにしたということでしょう。

◉この世では何が起こるかわからない

本日は死というものをどのように見つめて生きていくかというテーマでいろいろな人の言葉をもとにお話しさせていただこうと思います。最初に取り上げるのは『法句経』という経典にある言葉です。このお経にはお釈迦様の直接の言葉が伝えられているといわれていますが、そこに次の一説があります。

「脇目もふらず花を摘み集むる。かかる人をば死は伴い去る。まこと眠りに落ちたる村を押し流す大水の如く」

一所懸命脇目もふらずに夢中になってきれいな花を摘み集めている。死はそういう人を突然連れ去っていく。それはあたかも眠っている村を押し流す大水の如くに唐突なものである、といった意味になります。

あの東日本大震災の大津波を彷彿《ほうふつ》とさせるような表現です。おそらく、お釈迦様もインドの国で同じような光景を目撃したのだろうと思います。インドにはガンジス川をはじめとしてたくさんの川があります。昔の川はしょっちゅう氾濫《はんらん》して村を流し、家を流し、人々を流していきました。そんな様子を目の当たりにして、お釈迦様はこうした言葉を残したのだろうと思います。

この「花を摘み集むる」というのは何をたとえているのでしょう。夢中になって何かを集めようとする。私たち人間の生涯というのは、まさにそのようなものではないでしょうか。人間の一生は、何かを夢中になって得ようとする、成し遂げようとする営みだといえるのではないかと思います。仕事であったり、財産であったり、地位であったり、家族の幸せであったり、自分の家であったり、それらを一所懸命獲得しよう、自分のものとして集めようとします。私たちが生きる営みというのは、そのようなことでありましょう。

しかし、そのように一所懸命働いて大きな家を買って、家族が幸せだと思いきや、死がその人を連れ去ってしまう。こうしたことを仏教では「無常」といいました。森信三先生は、無常とはこの世においては何が起こるかわからないということである、というような表現をなさっていたと思います。本当に何が起こるかわからないのが、我々の人生です。

◉死は喪失であり、敗北なのか

これは次のようにもいえると思います。

「虚空《そら》にあるも、海にあるも、はた山間《やまはざ》の窟《あな》に入るも、およそこの世に死の力の及び得ぬところは非ず」

海は危ないから山で暮らそうかといって山で暮らすと、崖《がけ》が崩れる。山は危ないからといって町で暮らすと、交通事故に遭う。これが人間の世の中です。どこにいても、死というものを避けることはできません。

よく死というものは喪失、失うことであるという言い方をされることもあります。確かに、自分が苦労をして手に入れたもの、貯めたお金、家、家族、仕事、地位、名誉などは、死によってすべて喪失してしまいます。自分の肉体や健康さえも失ってしまうのです。

最近はだいぶ見方が変わってきているようですが、医学の世界、とりわけ西洋医学の世界では、一日でも長く生かそうとすることが医療の一番の目標であって、死は治療上の敗北であるという見方が今でも残っていると思います。

しかし、死というものが喪失、敗北であるという見方に立って生きるとすれば、いくら物を集め、地位を築き上げても、それは喪失のために積み集めるという、実に虚しい話になります。死が敗北でしかないのであれば、我々はただ無条件にひたすら敗北に向かって進んでいっていることになります。それは非常に暗澹《あんたん》たる寂しい生き方です。人生の意義など感じられない生き方になってしまうでしょう。

一般には死というものはタブーというか、触れないほうがいいものととらえられているようです。そのために、人は死から目を背《そむ》けようとします。しかし、単に死から目を背けて忌《い》み嫌うというのは、裏を返せば、死は喪失であり敗北であるという見方でしか見ていないということではないでしょうか。

◉「死とは何か」という疑問に答えるに足る生き方を学ぶ

「今までは人のことだと思うたに俺が死ぬとはこいつはたまらん」

これは大田南畝《なんぽ》という江戸時代の文人の作った狂歌です。私は、死には三通りあると思います。三人称の死、二人称の死、そして一人称の死です。

三人称の死にいちいち反応していると大変です。新聞を見れば、日々いろんな人が次々に亡くなっています。普通はそれを我がことのように考えたりはしません。たとえば、私が「今日は午前中にお葬式がありまして」というと、皆さんからは「あ、それは大変でしたね」という反応はあるかもしれませんが、「どういう方ですか?」「どうしてお亡くなりになったのですか?」と、深刻にとらえることはないと思います。

ところが、亡くなった方が自分の知り合いであったり、親しい人であったりすると、捉え方が変わってきます。これが二人称の死です。家族、恋人、友人、先生など、自分にとってかけがえのない人たちの死です。

そして最後に残るのは一人称の死です。ここに大田南畝が「俺が死ぬとはこいつはたまらん」というように、自分自身の死をどのように受け止めていくかという問題が出てきます。

「死を問いとしてそれに答えるに足る生き方を学ぶのが仏教だ」

これは浄土真宗の僧侶である金子大栄《だいえい》先生の言葉です。私の恩師である松原泰道先生が本の中で引用されているのを見て、この言葉を知りました。

私自身、どうしてお坊さんになったのかと聞かれることがあります。そのきっかけは二つあります。一つには満二歳のときに祖父が亡くなり、もう一つは小学生のときに親しい友人が白血病であっけなく亡くなったことです。この二つの出来事によって、死はいったいなんであろうかと考えるようになりました。ここに挙げた金子大栄先生の言葉のように、否応なしに死というものが私自身への問いかけとなりました。

死とは何か、その疑問に対して「答えるに足る生き方を学ぶ」というあたりが、この言葉の味わい深いところです。

死とは何かという疑問に対する答えは、おそらく永遠に出ないのかもしれません。最近も立花隆《たかし》さんが死についての本を出されました。私も読み終わったところですが、やはり究極のところではわからない何かがずっと残るだろう、と立花隆さんのような該博《がいはく》な知識のある方でもいっています。

しかし、死とは何かという答えを見いだすのではなくて、それに「答えるに足る生き方を学ぶ」ということならば、私たちにもできるのではないかと思うのです。それを積極的に学びたいと思うのです。

◉死を見つめることで生きる意味を明らかにする

「預《あらかじ》め若《も》し打不徹《だふてつ》ならば、臘月《ろうげつ》三十日到来、汝が熱乱を管取せん」

これは禅の語録にある言葉です。「打不徹」とは「はっきりさせておかないこと」ですので、前半は「予めきちっとしておかないと」「予め明らかにしておかないと」というような意味になります。「臘月三十日」は旧暦で一年の最後をいいますが、特に禅の語録に「臘月三十日」と出てくると「一生の終わり」を指します。「臘月三十日到来」は「もう死ぬぞというときが来た」という意味合いです。「熱乱」は「熱にうかされて取り乱す」こと。あたふたと取り乱してしまう。「管取せん」は「請け合いだ」「必ずそうなるであろう」という意味です。

ですから、この言葉は「予め死というものに対して自分の生き方をはっきりさせておかなければ、いざ死というものが目の前に来たときに、あなたはきっとあたふたと取り乱してしまうであろう」といっているのです。

これに続くのが次の言葉です。

「須《すべか》らく生死《しょうじ》の二字を将《も》って額頭上《がくとうじょう》に貼在《てんざい》して箇《こ》の分暁《ふんぎょう》を討取《とうしゅ》せよ」

生まれた者は必ず死を迎えなければなりません。だから、生と死の二文字を自分の額に貼り付けてはっきりさせよ、と。つまり、「生とは何か、死とは何か、これをはっきりさせるように求めていけ」というような意味になります。

これは坐禅をするときの心構えの一つとして説かれます。要するに、「死ということを見つめて坐禅をしろ」と、端的にいえばそういうことになります。

では、我々は死というものをどのように受け止めていけばいいのでしょうか。これからお話し申し上げるのは、仏教の中でも主に我々禅の立場の考え方です。

仏教は非常に幅が広くて、阿弥陀《あみだ》様のお浄土に救われていくんだという教えで心が休まるという方には、そのような教えもあります。しかし、阿弥陀様は十万億土西の彼方《かなた》にいらっしゃるといわれても、はて本当かどうかわかりません。昔であればともかく、今は小学生でも西のほうにずーっと行ったら元の場所に帰ってくるということぐらいはわかりますから、この十万億土西の彼方とはどこかを説明するのは浄土宗も大変だと思います。

我々はそういう立場に拠《よ》らずに生と死をどのように見つめていくのかということを禅の立場から学んでみたいと思うのです。

◉元の故郷に帰る——生は寄なり死は帰なり

その前に一つのお話をいたします。古代中国に禹《う》と堯《ぎょう》と舜《しゅん》という伝説上の理想の君主がいました。中国の古典を学ぶと必ず出てくる王様たちです。このうち、禹の王様があるとき川を渡っていると、川の底から竜が現れて乗っていた船を襲いました。船に乗っていた人たちは皆、恐れおののきました。ところがさすがに禹王だけは恐れることもなく、天を仰ぎ、嘆じて一言こういったのです。

「生は寄なり死は帰なり」

お聞きになったことのある方もいらっしゃるかもしれません。『広辞苑』にも載っているぐらいで、漢文の言葉としてもよく知られたものです。『広辞苑』の説明を読んでみると、「人は天地の本源から生まれて暫くこの仮の世に身を寄せるに過ぎないが、死はこの仮の世を去ってもとの本源に帰ることである」とあります。

要するにこの「寄」は「寄宿舎」の「寄」と同じです。この世に仮に間借りさせていただいている。仮に住まわせてもらっているだけで、死というのは元に帰ることである。そのようにいって、禹の王様は微動だにしなかったというのです。

そういうものの見方というものが、禅の教えにも深く流れています。

「たらちねに　よばれて仮の客に来て　心残さず　帰るふるさと」

これは江戸時代の禅僧、沢庵《たくあん》和尚が詠《よ》んだ句です。両親に呼ばれて、この世に仮の客としてやってきた。死を迎えるというのは決してどこかに行ってしまうことではなく、元の故郷に帰ることである、というような意味になるでしょう。死に対するこういう見方を最初に学んでおきたいと思います。

今度はお釈迦様の話です。お釈迦様は、死というものを次のような譬え話で説いています。

広い荒野を旅人が歩いていたところに象が襲ってきました。経典を見ると「狂象」と書いてあります。日本では象に襲われるといわれてもピンときませんが、きっと大変なものでしょう。私も見たことはありませんが、象は走るとけっこう速いそうです。

象が襲ってきたので旅人は逃げました。その途中に古井戸がありました。そこに木があって藤の蔓《つる》がうまい具合に垂れ下がっていました。旅人はこれ幸いと藤の蔓にしがみついて井戸の中に入って難を逃れました。

ところが、古井戸の暗闇に目が慣れてきてふと下を見ると、そこには恐ろしい竜が口を開けて今にも旅人を食べようとしていました。これは敵わないと思って逃げようと上を見ると、今度は藤の蔓をネズミがカリカリ齧《かじ》っています。たとえ蔓をうまく上がれたとしても、井戸の外には象が待ち構えています。絶体絶命です。

そのとき、藤の花から一滴の水が落ちて旅人の口に入りました。旅人はその水のあまりの甘さに、自分の置かれている状況を忘れてしまいました。人間が快楽に溺《おぼ》れて死というものを見失う様子はこのようなものであると、お釈迦様は教えてくださっています。

この譬え話は何を表しているのでしょうか。

まず象が襲ってくるというのは、この世の無常を表しています。そこで井戸に逃げ込みますが、井戸の底を見れば竜がトグロを巻いて今にも襲いかかろうとしています。蔓が切れて落ちたら竜に食われてしまいます。だから竜は死を表しているのです。

そして藤の蔓はまさに命綱ですから命を表していて、その蔓をカリカリと齧っているネズミは日月を表しています。なぜネズミが日月かというと、ネズミが蔓を齧るように一日一日が過ぎていく。それは命がだんだんと細っていくことだからです。

そんな中で、ほんの僅かな蜜の喜びがあります。それが一滴の水です。先ほどお話をしたように、花を摘み集める一瞬の喜びに死が迫っているという現実を忘れてしまう。それが人間というものであると、お釈迦様は教えてくださっているのです。

ところが、「たらちねに　呼ばれて仮の客に来て　心残さず　帰るふるさと」という沢庵和尚の句は、そうした見方とは少し変わってきて、死は決して恐ろしいものではなくて、元の故郷に帰ることであるというのです。こういうふうに死を見つめることによって、消極的になるのではなく、積極的に生きる意味を見いだしていこうとしているのです。

◉「こわれて消えた」シャボン玉はどこへ行ったのか

今度は、シャボン玉の歌から仏教の死生観というものを深めてみたいと思います。シャボン玉の歌は皆さんご存じのことと思います。これは詩人の野口雨情《うじょう》が作詞をしました。

「シャボン玉飛んだ　屋根まで飛んだ　屋根まで飛んでこわれて消えた　シャボン玉消えた　飛ばずに消えた　生まれてすぐにこわれて消えた　風かぜ吹くな　シャボン玉飛ばそ」

歌えるといいのですけれども、お経は得意ですが歌はだめです。

歌は皆さんもお聞きになったことがあると思いますが、改めてこの詩だけを見ると、なんとも深い詩だなと思います。野口雨情は、自分の子供を亡くしてしばらくしてこの詩を作ったといわれています。おそらく亡くなった自分の子供を思い、こんな詩になったのでしょう。

「シャボン玉が屋根まで飛ぶ」というのは、人の一生に置き換えると、一生涯をかけてなすべきことをなして業績を上げて、人生の意味を見いだすということでしょう。シャボン玉には、屋根まで飛んでこわれて消えるシャボン玉もあるし、飛ばずに消えてしまうシャボン玉もある。「生まれてすぐにこわれて消え」てしまうシャボン玉というのは、たぶん自分のお子さんのことではないかと思います。

さて、ここで皆さんに少し考えてもらいたいのです。シャボン玉は消えた後にどこへ行ったのでしょうか？　これを少し考えてみたいのです。

◉「空」とは空っぽではなく、境目がないということ

私がよく一般の人たちに仏教の死生観について話すときに使う話があります。あるお坊さんの話です。新聞のコラムか何かで見て、ああこれはいい話だなと思って切り

抜いておいたのです。

そのお寺の和尚さんは禅宗ではなかったと思いますが、小学三年生のとき結核《けっかく》にかかり、学校を休んで病の床に臥《ふ》しました。まだ結核が死の病といわれていた時代ですから、子供心にも、このまま死んでしまうのではないかという恐怖感があったそうです。あるときは暗闇の古い井戸の底に落ちていく夢を見て、思わず悲鳴をあげて目を醒《さ》ますようなこともあったといいます。

死というものに対して一般の人の抱く思いというのは、おおよそこういうイメージなのではないでしょうか。もし深い真っ暗闇の中に落ちていく、どん底に落ちていくのが死であるというのならば、これは大人であろうと耐え難い恐怖でしょう。

しかし、そんな恐怖に震えていたとき、住職でもあるお父さんが背中を優しく摩《さす》りながら、こんな風船の話をしました。

「膨らんだ赤い風船が針で刺されて破れてしまっても、何も悲しむことはない。中の空気は外に出ていって空の空気と一つになっただけだ。風船はなくなったわけでも、どこかに行ったわけでもない。中の空気と外の空気とが一つに合わさっただけだ。人間の命というのも同じで、死んだからといって決して終わりではない。元の大きな命に帰って、大きな命と一つになって、そこからまた新しい命が始まってくるんだ」

お父さんからこの話を聞いて、和尚さんは子供心にもふと心が救われるような思いがしたというのです。もちろん、これはお父さんの我が子を思う気持ちが、背中を摩りながら伝わったのでしょう。けれども、この風船あるいはシャボン玉が意味するところを我々は考えてみる必要があるのではないかと思うのです。

風船やシャボン玉を目に映る球体というふうに見たならば、それは割れてしまえば確かに消えてなくなってしまいます。しかし、その本質は中の空気であると見たならば、割れてしまったとしても中の空気はどこに行ったわけでもありません。強いていえば、そこにそのままあって消えてはいない、というふうにいうことができるのではないでしょうか。

そう考えれば、「シャボン玉飛んだ　屋根まで飛んだ　屋根まで飛んでこわれて消えた」といっても、どこへ消えていったのか捜《さが》し求める必要はないのではないかと申し上げたいのです。姿かたちは見えなくなったとしても、シャボン玉の中身、その本質は変わりないのです。ただ中の空気と外の空気が一つになっただけの話です。

この一つになったという状態を、仏教では「空」という言葉を使って表しました。

だから「空」という言葉は決して中身がない、空っぽという意味だけではありません。むしろ中身はしっかり充実しているのです。ただ内と外を遮り、区別をしている境目がなくなったというだけで、何もないというわけではないのです。

◉姿かたちあるものも、その本質は空である

そこで次に、僧肇《そうじょう》というお坊さんの言葉を取り上げたいのです。僧肇は鳩摩羅什《くまらじゅう》という仏典翻訳僧の弟子になりました。すばらしく頭脳明晰《めいせき》で評判でしたが、あまり評判が良すぎると人間というのは災いが出てくるものです。

あるとき、僧肇が非常に優れた人物であるという噂が時の皇帝の耳に入りました。皇帝は僧肇を自分の手元に置きたいと思い、「お坊さんをやめて自分の家臣になれ」と命じました。

しかし、僧肇は志を曲げません。「自分は仏教の僧侶であるからそれをやめることはできない」と皇帝の命令に応じませんでした。皇帝は怒り、「家臣にならないのなら斬首《ざんしゅ》だ」と斬首の刑が言い渡されてしまいました。ひどい話ですが、皇帝は絶対で

すから、昔はこういうこともあったのです。

僧肇はそれを受け入れました。ただし、「一週間だけ待ってください」といって、その間に『宝蔵論《ほうぞう》』という素晴らしい書物を書き上げました。そして、首を斬られるときにこんな辞世の詩を残しました。

四大、元無主《もとむしゅ》
五陰本来空なり
頭を将《もっ》て白刃《はくじん》に臨むに
猶《な》お春風を斬るに似たり

「四大」というのは四つの元素、地・水・火・風のことです。「地」は地面と同じように、私たちの体を構成している骨や肉といった固体を表します。「水」は文字通り、血液やさまざまな体液、水分を表します。「火」は体熱です。生きているということは必ず熱があります。「風」は呼吸です。呼吸や息を風の元素と見なしているのです。

この地・水・火・風という四つの元素が集まると、ちょうどシャボン玉の姿かたちが見えるように、「私」というものの姿かたちが見えてくることになります。「五陰」というのは専門的な話になりますから細かな解説は省略しますが、仏教学では体と精神の働きを五つに分けていました。五つの構成要素が合わさった体と心で私たちは活動していると考えるのです。ちょうどシャボン玉が水や洗剤や吹き込む息や、そのときに吹いている風など、さまざまな条件が重なってシャボン玉という形になって見えるようなものです。しかし、その本質は空《くう》であって中の空気も外の空気も一つのものです。

このシャボン玉と同じように、私の本質は空であって大きな命と一つのものであるということがわかっていれば、「あなたがたとえその刃で私の首を斬り落としたとしても、それは空が空を斬るということでしかない。あたかも刀で春風を斬るようなものである」というのです。

僧肇はこういう詩を残して泰然自若として亡くなったといいます。

この詩が後に円覚寺の御開山、無学祖元《むがくそげん》禅師がいった「電光影裏《ようり》に春風を斬る」という言葉のもとになっています。これは、禅師が南宋の能仁寺にいた頃、寺に押し寄せてきた元軍の兵士から刀で首を斬られそうになったときに発した言葉として知られています。

◉人間は仏心という広い心の海に浮かぶ泡のような存在

この五陰の本質である「空」について、もう少しさまざまなたとえを挙げながら学び深めていくことにしましょう。

円覚寺第十代管長を務められた朝比奈宗源《あさひなそうげん》老師は、四歳のときにお母さんを亡くされ、七歳のときにお父さんを亡くされました。物心ついた頃には母と父を亡くしていましたから、それこそ「死んだ母はどこに行ったか」「死んだ父はどこに行ったか」と思われたそうです。

ある人が「草葉の陰で守ってくれている」というと、「あの草や葉っぱの陰に父がいるのか、母がいるのか」といって、野原に行って草の葉を一枚一枚めくって捜したという話を聞いています。純粋に死んだ両親はどこに行ったのかを求めたのでしょう。

朝比奈老師は、八歳のときにお寺にお参りをして、涅槃《ねはん》図というお釈迦様がお亡くなりになるときの様子が描かれた大きな絵をご覧になりました。涅槃図の真ん中には、お釈迦様があたかもお昼寝でもなさっているような姿で描かれています。それを見て八歳の朝比奈老師はお寺の和尚に聞きました。

「これはお釈迦様が亡くなるときの絵だといいますが、全然死にそうに見えないじゃないですか」

するとお寺の和尚がこう説明したというのです。

「お釈迦様は死んでも死なないのである」

死んでも死なないとはどういうことなのか、と不思議に思った朝比奈老師は、その答えを求めて、僅か十歳でお寺に入って修行を始めました。以来、長年にわたり坐禅の修行を続け、自分で体験をした禅の悟りの世界を次のようにいわれました。

「私たちは仏心という広い心の海に浮かぶ泡のような存在である。生まれたからといっても仏心の大海は増えない。死んだからといっても仏心の大海は減らない。私どもは仏心の一滴である。一滴の水を離れて大海はなく、幻の如き儚《はかな》い命がそのまま永劫不滅の仏心の大生命である。人は仏心の中に生まれ、仏心の中に生き、仏心の中に息を引き取る。生まれる前も仏心、生きている間も仏心、死んでからも仏心。仏心と

は一秒でも離れてはいない」

朝比奈老師は「仏心」といっていますが、これはいろいろな言葉で表現されています。「神」と呼んだり「仏」と呼んだり、あるいは「その元の命」、「元の故郷」、「大いなる命」などという言い方もあります。筑波大学名誉教授の村上和雄先生が「サムシング・グレート」と呼んでいるものも、おそらくは同じではないかという気がします。

朝比奈老師はお坊さんですから、それを「仏心」という言葉で表したのです。我々は言葉がどうであろうとそんなにこだわりません。ただ朝比奈老師は「仏心」という言葉がわかりやすいのでお使いになったにすぎません。

仏心は「広い心の海に浮かぶ泡の如き存在」と朝比奈老師はいわれています。自分というものは単なる泡粒だというものの見方をするとしたら、最初にお話ししたように、死は喪失であり敗北であり、暗闇の中に落ち込んでいくようなものだという思いでしかとらえることはできないでしょう。

しかし、そこからもう少し広げて、その元に広い海のような世界がある、大きな命の世界があると考えて、そちらのほうに目を移して見たときに、この泡が浮かぶことの意味、一粒の泡の役割がかえってはっきり見えてくるのではないかと思うのです。

◉苦しいときは〝安心して〟苦しめばいい

「花は根に　帰ると聞けば我もまた　生まれぬさきの　里に帰らん」

これは昔の人の歌です。江戸時代の終わり頃に物外《もつがい》和尚という禅宗のお坊さんがいました。常々その藩のお殿様は物外和尚について仏教を学び、禅を学んでいました。あるときお城からお寺に使いが来て、「いよいよお殿様の具合が危ない。最後に和尚に会いたいといっておりますから、ぜひとも登城していただきたい」と告げました。

物外和尚は慌ててお城に駆け込んで、お殿様と面会しました。すると苦しい息の下からお殿様は一枚の短冊を和尚に示しました。そこにこの歌が書いてあったのです。

「散った花びらが根元に落ちる。根元に落ちた花びらは土に還って大地の養分となり、そしてまたその土から新しい芽が出てくる。私も今こうして自分の寿命は尽きるけれども、元の故郷にまた帰るのである」というような意味になるでしょうか。朝比奈老師の言葉でいえば「仏心の世界に帰っていく」ということを詠っているのです。

お殿様はきっと「この歌はなかなかいいできだ」と思っていたのでしょう。「さすがお殿様」と和尚から褒《ほ》めてもらえると期待していたかもしれません。ところが、物外和尚はお殿様の目の前でその短冊を破り捨てました。そして「こんなくだらないものを残すことはない。苦しいときは苦しんで死ね」と言い放ちました。

ここに一つの味わいがあるのです。

本日は死の問題から空の世界、仏心の世界と、ほんの僅かな時間で仏教と禅の深い話をしています。ここまでの話を聞いて、皆さんは、「すべてが仏心であり、仏心に帰るとは元の故郷に帰るのだということがわかれば死というものが怖くなくなる。何も恐れずに泰然自若《たいぜんじじゃく》と死んでいけるのではないか」と思ったかもしれません。

しかし、そういうふうに思うこともまた執着であり、とらわれなのです。皆、仏心の中に帰っていく、故郷に帰ることがわかっていれば、悲しいときには思い切り悲しんでいいし、つらいときは「つらい」とこぼして涙を流せばいいのです。どんなにつらく悲しんで、あるいはどんなに取り乱そうとも、元に帰るのは仏心であるということがわかっているのですから、おかしな表現ですけれど、「安心して苦しむことができるし、安心して悲しむことができるし、安心して涙を流すことができる」のです。

仏教の教えを学び、すべては空であるということがわかったから誰が死んでも何も感じないというのは、これは誤った空の理解です。頭だけで考えた空の世界でありましょう。

そこで朝比奈老師の言葉です。

「苦しいときは苦しんで苦しんで死んでいきなさい。無理に苦しむまいと努力する必要など何もないのだから苦しんで死んでいけばいいのです」

実に端的です。どんなに苦しもうと、どんな様を示そうと、仏心の世界であることには変わりはない。その腹さえ据わっていればいいのです。

このお殿様も物外和尚から「こんな死のときまで格好をつけることはない。苦しいときは苦しいままに死ねばいいいんだ」といわれて、ほっとしたような顔になって息を引き取ったといいます。悟り澄ますということは決して必要ではありません。むしろおかしいといってもいいでしょう。

◉倶会一処——いつかまた一緒になれる

死というものを**「倶会一処《くえいっしょ》」**という言葉で表すことがあります。これは禅の言葉ではありません。仏教の経典にある言葉です。「倶《とも》に一処に会う」と書きます。皆一つの命に帰っていく、仏心という大きな命に一つになると考えれば、それは「一処にまた会える」といっていいでしょう。

「行くときは　分かれ分かれにちがえども　流れは同じ　蓮《はす》のうてなに」

昨年も東日本大震災の被災地に行ってお話をする機会がありました。津波でお身内を亡くされた方々が大勢お集まりの中で、何をお話ししようかというとき、仏教の禅の死生観、やがてまた一処に会えるというお話をしました。また会えると思って生きましょう、会ったときに元気な顔をして会えるように頑張りましょう、と。

「久しぶりだね」

「ほんと久しぶり」

「大変だったろうな」

「ほんと大変でした。あのときから私はほんと大変な思いをしました。大変だけれども頑張りました」

そういって、もう一度めぐり会うという気持ちで頑張って生きていきましょう、というようなことを最後にお伝えさせていただきました。

「また一処で一緒になるんだ」という気持ちが「それまで頑張ろう」という生きる力になっていくのではないかと私は信じています。

◉「吉野山コロビテモ亦花ノ中」――すべては花の中での出来事

そんなことで、最近講演を頼まれるときの演題の一つに使わせてもらっているのが、「吉野山コロビテモ亦《また》花ノ中」という言葉です。これは民芸の大家として知られる柳《やなぎ》宗悦《むねよし》の言葉です。

岩波文庫の柳宗悦の『南無阿弥陀仏』という一遍上人《いっぺんしょうにん》のことを書いた文庫本の巻末に「心偈《こころうた》」という文章がついています。そこには非常に趣のある深い言葉がたくさん載っています。「吉野山コロビテモ亦花ノ中」もその一つで、これについて柳宗悦は次のように解説を加えています。

「いおうとする心は、文字の通りであるが、この暮しが幸いな日々の暮しなのだと分らせて貰うには、きっと幾曲りかの嶮《けわ》しい坂路を通らねばならぬ。考えると、ころびつづけの身ではあるのだが、実はころぶその所が、花の上なのである。立とうが、座ろうが、つまずこうが、倒れようが、どんな時でも処でも、悉くが花の中での出来事に他ならぬ。実は荒涼たる人の世は、万朶《ばんだ》の吉野山であったのである。行くところ、花に受取られる身であったのである」

今年、私も親しい方を見送りました。坐禅に熱心に通っていた方です。膵臓癌《すいぞう》が見つかって、僅か一年ほどでお亡くなりになりました。それまでは非常にお元気で、毎週坐禅に来て熱心にやっておられました。まだ七十ぐらいでしたでしょうか。

膵臓癌というのはわかりにくくて、気がついたときには手遅れのことが多いといいます。その方も気がついたときにはもう数か月という余命宣告を受けていました。

見舞いに行くときに、何を持って行こうかと考えました。果物や花というのはありきたりです。随分考えました。この方とは長年一緒に坐禅をしてきて、一緒に禅の問答をやってきました。仏心の世界や空の世界は相当深いところまで体得している人だと見ておりましたから通じるだろうと思って、この「吉野山コロビテモ亦花ノ中」という言葉を短冊に書いて見舞いに行きました。

最初見たときは驚いたかもしれません。しかし奥様の話をお聞きしますと、「最後まですべてを受け入れて安らかに穏やかな時を過ごさせてもらいました」ということでした。奥様はこうもいっておられました。「円覚寺で坐禅をしていなければ、この数か月はどうなっていたのかはかり知れません」と。やはり坐禅をして仏心の世界、空の世界をあらかじめはっきりとさせていたからこそ、「吉野山コロビテモ亦花ノ中」という言葉を受け止めてくれたのではないかと思います。

◉事故で父親を亡くした女性からの手紙

今お話ししてきたことが仏教の死生観の概論のようなところです。最後に、こういう死生観を実際にどのように人は受け止めて生きているのかという具体例を少し紹介させていただきたいと思います。

今申し上げたように、死は消えることではないし、喪失でもありません。仏心の世界で生き続けることであり、死んでも死なないことなのです。こういう世界は、私も幼少の頃から坐禅一筋にやってきて、ようやくなるほどと思うところです。それを坐禅など全くしたことのない人たちに話して伝わるものだろうか、難しいのではないかという気持ちを持っていました。

それでも中にはわかる人もいるかもしれない、長年坐禅をした人ならば通じるかもしれないという思いでお話をしていたのですが、坐禅をしたからわかるというものではないということを最近知りました。

まだ三十代の若い女性から、ある年の暮れに分厚い手紙が届きました。開封して読んでみますと、その手紙に驚くべきことが書かれていました。

その方はその年の一月にお父さんを交通事故で亡くされました。鎌倉のすぐ近くでです。いつものように自転車に乗って買い物に行くために家を出たところ、大通りでダンプカーに轢《ひ》かれてしまったというのです。即死でした。

これは先にお話しした二人称の死です。かけがえのない、今さっきまで一緒にご飯を食べていたお父さんが、一瞬の後、ダンプカーに轢かれて亡くなったのです。おそらく見るも無残な姿であったでしょう。

その方は「父の死をどう受け止めていいかわからない。動転して悲しみすら起きない」というようなことを手紙に書いていていました。

お通夜をし、お葬式を終え、四十九日で納骨をして夢の中での出来事のように日が過ぎていきました。ようやくお父さんの死を受け入れかけてきたお盆の頃、それをひっくり返すような出来事が起こりました。ダンプカーの運転手が不起訴になったというのです。

これは業務上のことですから詳しい事実はわかりません。しかし、自分の親は見るも無残に轢き殺されたのに、殺したほうはなんの罪にも問われないと知ったとき、その女性の心に加害者に対する憎しみが湧き起こりました。自分の中にこんなに憎しみの心が湧くのかというほど取り乱し、夜も眠れないような状態が何日も何日も続いたそうです。

そんなどうしようもない気持ちを抱えて、その方は年の暮れに円覚寺を訪ねてきました。どうして訪ねようという気になったのかは書かれていませんでしたが、そのとき「管長の話を初めて聴いた」というのです。その方は坐禅もしたことはありませんでしたし、私のこともおそらく知らなかったでしょう。たまさかお寺に来たら私が法話をやっていたから聴いたのでしょう。

しかし、そのときに聴いた話がすっと心に沁み込んできたというのです。私はそのときに仏心の話をしました。そこで「人は仏心の中に生まれ、仏心の中に生き、仏心の中に帰っていく」という言葉を聴いた瞬間、その方は「仏心というのはこの私たちを包んでいる空気のようなものだ」というイメージを抱いたそうです。そして、「お父さんは目には見えなくなってしまったけれども、今もこの空気の中に溶け込んでいて、すぐ側にいるのではないかと思った」というのです。「もしかしたら、今、私が吸っているこの空気がお父さんかもしれないと思った」と。

そして「お父さんは今も私の命と共に生きているんだと感じて、心の底から喜びが溢れてきた」というのです。

◉ハッと気がついてみれば仏様の懐の中

私は仏心の話をした後、先ほどの象に追いかけられる話をしました。この話は仏教の世界ではよく知られています。余談になりますが、ある若い和尚さん方が集まった勉強会で、私は若い和尚さんたちに問題を出しました。この旅人はどうしたら救われると思うか、救いというのはなんであると思うか、と。芥川龍之介に『蜘蛛の糸』という話がありますが、浄土宗系であれば阿弥陀様が糸を垂らしてくれて救ってくださると考えるかもしれません。

「さあ、どうしたら救われると思いますか」と聞くと、若い人たちはそれぞれに考えていろんな意見を口にしました。中には「もういっそのこと下へ落ちてしまって竜に食われてしまえばいい」といった人もいました。いろんな答えがあって楽しかったのですが、一通り聞いて面白いなと思っていると、ある一人の和尚が「管長はどう考えるのですか」と聞いてきました。私の答えを知りたいというのです。

私はまずこういいました。

「象に追いかけられているのね、井戸の中に入っているのね、藤の蔓に摑《つか》まっているのね、落ちたら死ぬんだね」

それからその場で目を閉じて、体を前後左右に揺すりました。

しばらくそうしてから、パッと目を開いて言いました。

「あ、夢であったか。これが救いだ」と。

わかりますか？　象に追いかけられていたのも夢、藤の蔓に摑《つか》まっていたのも夢、下に竜が待ち構えていたのも夢。夢から覚めてハッと気がついたら仏心の中、仏様の懐の中にあったのだと気がつく、ということです。

相当修行した人ならばわかるかもしれません。しかし、一般の人にはどれだけわかるかはうかがい知れません。

ところが、私が暮れの法話でこの話をしたとき、その女性は「夢から覚めるのが救いだ」という言葉を聴いた途端に涙が溢れ、「これは私のことではないか」と思ったというのです。加害者が憎いと恨んだのも、悪い夢にうなされていたのではないか。自分の頭の中で勝手につくり出した夢のようなものに苦しめられていただけではないのか、と。

我々は仏様の懐の中に抱かれていながらいろんな夢を見ます。怖い夢もあるかもしれません。どうしようもない夢もあるかもしれません。でも、「これは夢だったか」とハッと気がついてみれば、仏様の懐の中にいるのです。

この話が心の奥底まで響いてきて、彼女は「そうだ。父はどこにも行っていない。見えないけれどもいつも側にいる。命は決して奪われたのではない。仏様の世界に帰っていっただけなんだ」と思い、「誰も悪くはない、もう誰も責めることはない」と気がついて、心がいっぺんに楽になったといいます。

彼女はこのあと、一周忌にあたって加害者に初めて手紙を書きました。その中に「もう自分を責めないでください。あなた自身の生き方を送ってください」と書いたそうです。

見ず知らずの女性から来た分厚い手紙を読み終わった私は、ただ驚きました。坐禅をしたわけでもない。たくさんの仏教の本を読んだわけでもない。それまで悩みに悩んでいたところにたまさか円覚寺にやって来て、仏心の話を聴いて、いっぺんに気がついたのです。そういうことが実際にあるのだと驚いたのです。

それから毎回、彼女は法話を聴きに来てくださっています。自分にとってかけがえのない人の死、その悲しみ、動揺、加害者に対する恨み、つらみ、そういったさまざまな苦しみを滂沱《ぼうだ》の涙とともに洗い流して、今では明るく非常に元気な顔をして生きておられます。

◉今生きていることに感謝をする以上の修行はない

もう一つ、今度は一人称の死をどう受け止めるかということを具体例でお話しさせていただきます。三十代半ばで乳癌を患い、それが肝臓に転移をして、残念ながらお亡くなりになった女性の話です。その方からも、最初はお手紙をいただきました。それまで一面識もありませんでした。そして残念ながら、とうとう最後まで一度も会うことはありませんでした。

いただいたお手紙には、自分は乳癌の宣告を受けていろいろな治療をしているということが書かれていました。聡明な方なのでしょう。病気には必ず原因があるのだから、体の治療だけではなくて自分の生き方や暮らしや心も見つめ直さなければならないと思って、生き方に関するさまざまな書物を読み漁ったとありました。

その中に月刊『致知』に載った私の対談の記事があったようです。当時はまだ『いろはにほへと』というお寺から出している小さな本しかなかった頃でしたが、この方は『いろはにほへと』を取り寄せて、繰り返し読んだそうです。

その本の中に、「坐禅の要領は、過ぎたことは気にしないこと、これから起こることも気にしないこと、今生きていることを見つめること」と私は書きました。彼女はそれを本当に真剣に受け止めて、実践したのです。

乳癌の手術ですから三十代の女性にとっては大変な決断です。大変な喪失感があったに違いないのですが、彼女はこの言葉を繰り返し繰り返し自分に言い聞かせたそうです。大病すると失ってしまったものをいつまでも悔やむものですが、この言葉を読むたびに、もう過ぎたことは気にしないようにしようと思ったそうです。

この方は五つのお子さんを残して亡くなりました。可愛い盛りだったでしょう。「この子は将来どうなるのか」と考えると、不安ばかり浮かんできたはずです。考えるとキリがありません。しかし、そういうことも気にせずに、今を生きていることに感謝をしようという生き方をします、と手紙には書かれていました。

彼女は手紙の中に「自分はこういう病気ですからお寺に行って坐禅の修行はできません。けれども、今生きていることに感謝をするということならばできると思って一所懸命やっていきます」と書いていました。この言葉にも私は驚きました。

私は手紙へのお返事に「まだ三十代の若い女性で、大変な病気を抱えながら今生きているとへ感謝をするというのは、お寺で修行するより偉いことです。お寺で坐禅の修行をしたり、お経の勉強をするよりも、今生きていることへの感謝を学ぶ以上のことはありません。しっかりやってください」と書きました。

◉悪いことの陰には良いことも隠されている

そういう手紙のやり取りが、その後、何度か続きました。やがて違う住所から手紙が届きました。親の実家に帰ったようでした。手紙には癌が肝臓に転移をしていると書いてありました。悪い方向に行ってしまったのです。

しかし、手紙には「こういう状況になって外から見れば哀れに見えるかもしれませんけれども、私は毎日明るく暮らしております。病気のお陰でこういうご縁をいただけた、こういうことを学ばせていただいた。その感謝で毎日暮らしております」とありました。

これも手紙に書かれていたことですが、その方が近所の教会の前を通ると、河野進さんという人の「どんな不幸を吸っても／はく息は感謝でありますように」という詩が書いてあったそうです。渡辺和子先生もどこかでこの詩を引用していたと思います。その方は、「この言葉を実践しようと思います。どんな病気であろうと、どんな苦しい中だろうと、今私は生きている。この事実がすべての答えだと思って私は感謝して生きています」と書いていました。

そのときの手紙の最後には、「元気になったらぜひ子供を連れて円覚寺に行って、直接お目にかかって話を聴きたいです」とありました。

結局、その手紙が最後になりました。

そのあとどうしていらっしゃるかなと思いながら、こちらから手紙を出すのも気が引けていたところ、その方からお中元が届きました。私は嬉しくなりました。元気でいらっしゃるんだなと思ってお中元を開けますと、ご主人の手紙が入っていました。読むと「家内は亡くなりました」と書かれていました。

「亡くなってから遺品の整理をしているときに、円覚寺の管長さんと非常にご縁をいただいていることがわかりました。そのお陰で最後まで家内はすべてを受け止めて息を引き取りました。ご縁を感謝いたします」という手紙でした。いろいろお中元はいただきますが、亡くなった方からいただくというのは、後にも先にもあの一つだけです。

その方の最後の手紙には、「この病気を得なければ、私は心とは何かと考えることはなかったでしょう、自分を高めようと勉強することもなかったでしょう。管長様ともご縁をいただくこともなかったでしょう。悪いことと思われても、その陰には良いことも隠されているんだと思います」というような言葉が書いてありました。

◉「最後まで精一杯生きること」が子供への贈り物になる

この話を円覚寺の法話でしたところ、先にご紹介したお父さんを事故で亡くしたというご婦人が両目から滝の如く涙を流しながら聴いていました。話が前後しますが、この方も若くして結婚したらしくて、まだ子供が四つか五つの二十代の頃に大病をして死の覚悟をしたそうです。そんな経験があるからとても他人事とは思えず、涙が溢れたといっていました。

その後、その方が私のところに一冊の絵本を送ってくださいました。『わすれられないおくりもの』という題の絵本です。この絵本を癌で亡くなった方の残された五歳の子供にプレゼントしてあげてほしいという手紙が添えられていました。

この『わすれられないおくりもの』はアナグマの話です。ご存じの方もあるかもしれません。こんな内容です。

森のアナグマさんはいろんな動物たちに慕われていました。アナグマさんは亡くなるのですが、そのあとでキツネやウサギやカエルなど他の動物たちは事あるごとにアナグマさんのことを思い出すのです。そして「そういえばアナグマさんにこんなことを教わったな」「アナグマさんとこういうことをしたな」という思い出を語り合うのです。だからアナグマさんは死んだのではない。私たちと一緒に生きている、大切な贈り物を残してくれたんだという、そんな話の絵本です。

また昨年の暮れには、見知らぬ方からたくさんのお米が届きました。何事かと思ったら、癌で亡くなった女性の親御さんからでした。親御さんは農家でお米を作っておられるのです。手紙が入っていました。そこに「娘は最期まで感謝の気持ちを持って、亡くなる日の朝まですべてを受け止めて息を引き取りました。これもひとえに円覚寺さんのお陰です」ということを書いてくださっていました。

円覚寺の法話でも話をしたのですが、この女性は亡くなる数日前、まだ意識がはっきりしていて話ができるとき、お母さんと二人でテレビを見ていたそうです。そのときに「私は幸せです」とお母さんにいったというのです。テレビにはちょうど御嶽山《おんたけさん》の噴火の様子が映っていたそうです。それを一緒に見ながら、「一瞬のうちに亡くなる人のことを思えば、こうしていろんなご縁をいただいて学ぶことができた私は幸せです」といったということがお母さんの手紙には書いてありました。

親に対しても先立つ不孝です。もう何一つ親孝行はできません。でも、そんな中で、せめて「自分は幸せな一生でした」ということが、自分がお母さんに対して唯一できる孝行だと思ったのではないかと私は想像しています。

子供のことは最後まで気がかりだったろうと思います。子供が大きくなって、一番母親に傍にいてほしいときにいてあげられないのです。この子に自分はいったい何を残せるのかと、おそらくその方は自分なりに懸命に考えただろうと思います。

果たして、その人が子供に残した贈り物とはなんだったでしょうか。それはしっかり生きること、最後まで精一杯生きることだと思います。「お母さんはね、最後まで精一杯生きたのよ」と。

この子供が大きくなって、どうしようもなくつらいとき、そのことを思い出すのではないでしょうか。

お母さんはそんなに立派に最後まで生きたんだと思えば、その一つのことが子供にとっての大きな力、宝、財産になって、苦しみにも耐え忍んでいけるのではないでしょうか。きっとその子は母を誇りに思うでしょう。

その子が大きくなったとき、お母さんはどこへ行ったのかと朝比奈老師のように悲しく捜すことがあるかもしれません。もしご縁があったならば、私はその子に伝えてあげたいと思います。

「お母さんはどこにも行っていない。あなたの命と共に生きているんだよ。あなたの命がお母さんの命で、お母さんの命があなたの命なんだ。あなたが生きているところにお母さんはいるんですよ」と。

また、きっとその子は自分でそれに気がつくのではないかと思うのです。

◉お金や物ではなくて生き方を残す

こういうふうに死を見つめる死生観というのは、死後の世界の詮索《せんさく》ではありません。

仏心がどんなものであるのかを科学で解明しようとすることでもありません。しかし、このようにして死というものを見つめて、それをどう受け止めて生きるかということが、一日一日をしっかり生きていくことにつながっていくのです。
坂村真民先生の「流れのなかで」という詩があります。

流れのなかで
人は生まれ
人は死す
一瞬もとどまらず
永遠に流れてゆくもの
わたしもまた
その一人
あなたもまた
その一人
でも孤独であってはならない

一つに集まり
一つに溶け合い
流れてゆく
それがわたしの乞い願う
美しい流れ
朝は朝日を浴び
夕は夕日に染まり
語り合い
手を取り合い
流れてゆく
楽しい流れにしてゆこう

それと「一切無常」という詩もございます。

散ってゆくから

美しいのだ
毀《こわ》れるから
愛しいのだ
別れるから
深まるのだ
一切無常
それゆえにこそ
すべてが生きてくるのだ

これも仏心を表しているといえるでしょう。

最後に感謝の気持ちを表して亡くなった有名な禅僧の言葉を挙げておきましょう。

植木憲道《けんどう》老師という臨済宗のお坊さんです。この方は、お亡くなりになるとき、こんな言葉を書き残しました。

「九十七年、近くお別れをする。ありがとう、ありがとう。皆様によろしく」

皆さんはこれからそれぞれの分野で活躍なさって、業績も上げて、素晴らしいものを残されるのではないかと思います。財産を残すことも意義あることです。それは大いに頑張って目指してもらいたいと思います。すべて仏心に帰るのだからといって、今日からお金を稼ぐことをやめようと考える必要はありません。大いにやってください。

しかし内村鑑三はこういっています。

「何びとにもできてお金や物よりも価値があること、それは勇気ある高尚な生涯だ」

どう生きたかが大事だ、ということです。先ほどの癌で亡くなったご婦人であれば、最後まで精一杯生きたという素晴らしい宝を我が子に残していったのです。これは決して消えることのない素晴らしい宝だと思います。

お金や物を残すことよりも、どういう生き方をしたのかが何よりも大事だということです。それを忘れることなく、日本のために大いに働いてください。

第三講

禅の教えに学ぶ智慧

――正しい道を歩む

今日は禅の教えに学ぶ智慧というテーマで禅や仏教の考え方を少しお話しさせていただきます。私のいる円覚寺は、弘安五年、西暦一二八二年の創建で、すでに七三四年（二〇一六年現在）続いています。長い歴史の中でずっと滅びることなく、戦乱の世も潜り抜けて現在あるのには、それなりに学ぶところがあるのではないかと思っています。

戦後の教育でなくなってしまったものは、歴史と道徳と宗教だとよくいわれます。この歴史というのは、特に近現代史のことをいうのではないかと思います。それから道徳と宗教ですけれど、宗教というと皆さんはあまりいい印象を持たないことのほうが多いのではないでしょうか。「あいつは宗教をやっている」というと、どうも危ないなという気がするかもしれません。

しかし、日本人の心の中には脈々と受け継がれている宗教があります。宗教アレルギーの方もいらっしゃるかもしれませんが、長い歴史の中に宗教が残ってきたのはどうしてだろうかという気持ちで聞いていただけたらと思います。

◉そのときどう動くか

今年（二〇一六年）、相田みつをさんのご長男、相田一人《かずひと》先生に円覚寺で講演をしていただきました。その相田一人さんが相田みつをさんの数多くの詩や言葉の中で、自分が一番大事にしているのは**「そのときどう動く」**という言葉だといわれました。

これは非常に禅的な言葉です。自分がそのときどう動くか。そこに過去の経験や知識や考えは全く関係ありません。いくらたくさんのことを学んでいて、たくさんの本を読んで、たくさんの知識を蓄えていても、そのとき動けなければ何もなりません。「そのとき」とは「今」です。明日でも昨日でもありません。今このときをどう動くかということです。

この言葉から思い出した出来事があります。私は大学を出てすぐ、京都にある建仁《けんにん》寺という大きな本山に修行に行きました。修行に行ってほんの数か月後の真夜中に、修行道場の隣の寺が火事になりました。夜中の一時か二時頃だったと思います。私ども修行僧は叩き起こされました。

そのときどう動いたか。私は今でこそ偉そうにお話をしたりしていますが、その頃はまだ大学を出たてで何もわかりません。

何年も修行をしている熟練の先輩たちは、黙ってゆっくりと地下足袋を履いていました。その様子を見た私は「何を呑気《のんき》なことをしているんだ。こういうときは真っ先に行かなきゃ」と思って素足に台所にあった雪駄《せった》を履いて真っ先に火事の現場に駆けつけたのです。

しかし、駆けつけていってすぐにわかりました。素足に雪駄というような格好では、なんの役にも立たないのです。ガラスの破片が散乱していますし、焼けたものも飛び散っています。足にケガでもすれば何もできません。安全なものを履いて、まず足元を固めなければダメだと思って戻ってくると、地下足袋を履いていた先輩たちが消火活動に取り掛かっていました。

私は急いで地下足袋を履いて、よし、自分も現場で皆の手伝いをしようと再び駆けつけました。お寺の本堂が燃えていますから、仏像をはじめ大切なものを出さなければなりません。すると、修行僧の頭の人から「お前は屋根に上れ」といわれました。屋根というのはもちろん火事現場の屋根ではなくて、「うちの寺の屋根に上れ」というのです。「屋根に上って何をするのですか?」と聞くと「風向きを見ろ」といわれました。

その火事現場のすぐ隣に建仁寺の御開山をお祀《まつ》りしているお堂があるので、「そこに飛び火をしないか見張っておれ」というのです。そして「何か異変があったらすぐに伝えろ」といわれました。私は命じられたようにお寺の屋根に上りました。しかし、退屈なのです。一所懸命現場で働いていると仕事をしている気がしますが、屋根の上でじっと火を見ているだけなのです。

結局、飛び火はせず、私はなんの役にも立たなかったのですが、しかし後になって「これは非常に大事なことだ」と思うようになりました。皆が現場でいくら一所懸命に消火作業をしていても、その間に一番大事な開山堂に火がついたら元も子もないのです。そのときどう動くか。なるほど、適切な指示であったなと今になると改めて思います。

◉智慧と正しい判断を導く三つの姿勢――立腰、丹田充実、長息

私どもはよく修行で禅問答をします。私もおよそ二十年にわたってやってきました。

何百問もある禅の問答を全部やり終えて初めて管長になる資格を得るのです。すべてを終えるのは百人ないし二百人に一人くらい。円覚寺であれば一人か二人くらいしかいません。

禅の問答を終えて、その問答にふさわしい禅語を一つ選ぶということをよくやります。たとえば、江戸時代の白隠禅師が「この禅問答の後でこの禅語を選んだ」というものがあります。それと同じ語を自分の禅問答が終わった後で探すことができなければ、次の問題には進めないのです。禅語は四千も五千もあります。岩波文庫で『禅林句集』という禅語集を出したときは、約三千四百語を選びました。その三千、四千もの中から一つを選ばなければならないのです。

それをやっているうちに気がついたことがあります。何かというと、悪い姿勢でいくら探していても当たることがないということです。腰骨を立てて、お腹に力を入れて、そして呼吸を調える。つまり、坐禅をしているときと同じ姿勢でやったほうが、ぴたっと当たるものが見つかります。自分の感覚としていうと、文字のほうから「これ」というのが浮かんでくるのです。四千、五千の中から、ぴたっと当たる禅語が見つかるというのは、非常に痛快なものです。

そういう自分の体験談から、智慧を働かせるためには**「腰骨を立てる（立腰）、お腹に力を込める（丹田《たんでん》充実）、呼吸を調えて長く息をする（長息）」**という三つの姿勢が大事だと気づきました。姿勢と呼吸が乱れていては、「そのときどう動く」というときに、智慧あるいは正しい判断は働かないということです。

◉「最後は姿勢である」といった名人

まず腰骨を立てる重要性についてお話しします。

私は修行道場の師家になった平成十一年、三十五歳で老師と呼ばれるようになりました。非常に早いといわれていますが、年数の問題ではありません。一つの禅問答に一年も二年もかかることもありますから、ぴたっと当たればそれで終わるわけですが、年数をかけてもモノにならない人はいくらでもいます。大事なのは、いかに真剣に取り組むかということ。それは決して年数という数の問題ではないのです。

その取り組む姿勢として、自分の体験から腰骨を立てるということがまず大事なのです。悪い姿勢のままいくら考えても、ろくな考えは出てきません。最近はうつむいた姿勢でスマホやタブレットをいじっている人を多く見かけますが、これはよくありません。

大切なのは腰骨を立てることです。悪い姿勢では内臓も圧迫されて苦しくなります。そういう状態では正しい判断ができません。腰というのは肉体の要《かなめ》です。その要である腰をきちっと立てるということが大事なのです。

皆さんがよくご存じの森信三先生は、二十一世紀の子供たちに教え伝えることで何が一番大事かと聞かれたときに、立腰、腰を立てることだといわれました。常に腰骨をしゃんと立てることが、性根の据わった人間になる極秘伝であるといわれたのです。子供が椅子に腰かけるときも、背もたれにもたれるのではなく、まっすぐに腰を立てることが大切です。

森信三先生は少年の頃、岡田虎二郎先生（一八七二～一九二〇、静坐と腹式呼吸による岡田式静坐法の提唱者）に出会います。そして、岡田虎二郎先生の静坐をしている姿に深い感銘を受けて、立腰の大切さを感じたそうです。「せいざ」は正坐とも静坐とも書きますが、腰骨の入ったまっすぐな姿勢です。我々の禅宗でいうと、沢木興道《こうどう》老師の坐禅の姿が非常に素晴らしい、美しいということで、坐禅の姿の見本のようにいわれます。

ある将棋の名人が何かに書いていましたが、「名人戦のクラスになると実力の上ではほとんど差がない」というのです。では、最後の勝負の分かれ目は何かというと、「姿勢だ」といっています。「姿勢が崩れているものは必ず手を誤る。最後は姿勢だ」といわれるのです。

それが今、通じるかどうかはわかりません。最後は電子頭脳だというのが今の時代なのでしょうか。腰骨と電子頭脳のどちらが勝つかは私もわかりませんが、その名人は「最後は姿勢である」といわれていました。

もう一つ、商談を進めるときはお客さんをなるべくふかふかのソファに座らせよ、と聞いたことがあります。要するに、商談相手は腰骨の立たない椅子に座らせよということです。それに対して自分は固い椅子に座る。すると、自分はしゃんと腰骨を立てることができますが、相手はふかふかのソファで腰骨が立ちませんから、話をしていると、こちら優位に商談を進めることができるというのです。

このように、いろんなところで腰骨を立てる大切さはいわれています。それによって智慧を働かせて正しい判断を下すことができるようになるということです。

◉「腹の人」になるために丹田に力を込める

今度は二番目の丹田に力を込めるということについてお話しします。

先ほどお話しした森信三先生が大きな影響を受けた岡田虎二郎という方は、人間を「頭の人、胸の人、腹の人」の三つに分類をしました。頭の人とは知識でものを考える人、胸の人とは感情でものを考える人です。人間には知識も感情も必要です。しかし、知識偏重では行き詰まることもありますし、感情ばかり昂《たかぶ》れば自分自身をコントロールできなくなります。だから、腹に力の入る「腹の人」になれと岡田虎二郎先生はいいました。

人前で話をするときにも、腹に力を入れて声を出すことが大切です。声には伝わる力がありますが、腹に力を入れて声を出すのと口先でぶつぶついうのとでは、同じ内容でも伝わる力は全然違います。プリントを配って読めば伝わるというものでもありません。皆の前に出たら、腰骨を立てて、腹に力を入れて、一番向こうにいる人にも届くような気持ちで話すようにする。そうすると、伝わり方は全く違ってきます。

気海丹田《きかい》という言葉があります。気海とは、気力が湧いてくる海のようなところです。丹田に力を込めると気力が湧いてきて、頭脳も明晰になり、自然と心も落ち着いてくるのです。それが冷静な判断、正しい智慧を生み出す源泉になります。

お腹に力を入れるといっても無理に腹筋に力を込めるのではなく、丹田を意識するだけでいいのです。丹田の位置はおおよそおへそから指四本分下のあたり。自分の中心は頭ではなくて、このおへその下の丹田にあり、そこでものを感じているとイメージする。立っているときも、歩いているときも、座っているときも、常に意識をするのです。

森信三先生も、腰骨を立てることの究極の目的は「丹田を常に充実させることである」というふうにいっておられます。それによって、正しい智慧が働くようになり、正しい判断ができるようになるのです。

◉長い呼吸はどこででもできる最良のリラックス法

もう一つ大事なのが長い呼吸です。呼吸は普通、空気が肺に入って肺から出るのですが、気持ちとしては、おへその下の丹田に空気がいっぱい入っていくようなイメージで呼吸をすると健康にも大変いいようです。これを丹田呼吸とか腹式呼吸といいます。実際に息がお腹に入るわけではないのですが、こういう気持ちでゆっくり息を吸って吐くと、明らかに気持ちが落ち着いてきます。

腰を立てること、丹田に力を込めること、呼吸を長くすること、この三つが大事だと私はよくお話しします。これは坐禅をするときにだけ役に立つわけではありません。人前で話をするときに緊張する人、あがる人が自分の心を落ち着けるためにも役立ちます。

そういうときは「人という字を手の平に書いて飲み込んだら緊張が収まる」といいますが、それで収まるのならば誰も苦労はしません。それより、立ったままでも腰をぐっと立てて、お腹に力を込めて、二回でも三回でも、できれば十回くらい、ゆっくり呼吸をすると効果てきめんです。

人に待たされてイライラしているようなときもそうです。いくらイライラしたところで相手が早く来るわけありません。そんなときは、腰骨を立てて、丹田に力を込めて、すーっと息を調えるように呼吸をすると時間が生きてきます。これはいつでもどこでも応用のできるリラックス法でもあります。

◉心の奥深くに広がっている静かで穏やかな世界

禅の言葉に、

「心中　仏性有り」、「心は大海の如し」

とあります。

仏様の心とか仏様の本性といわれてもピンとこないかもしれませんが、宇治の萬福寺にある仏像などはお腹の中に仏様があります。これは「心中　仏性有り」ということを具体的に表現しているのです。

心は海のようなものだということは、経典の中で説かれています。心の表面は絶えず波立ちます。これは感情という波によるものです。頭や胸で、怒り、憎しみ、妬《ねた》み、焦り、緊張といったさまざまな感情や思いが千々に乱れます。これは心が波立っている様子です。それを放っておくと、台風のときのような大きな波になってしまいます。怒りや憎しみが大波になると、これは簡単に調えることができません。自暴自棄《じぼうじき》になって、果ては人に危害を及ぼしたりするようなことにもなりかねません。

仏教では、その波立った心を無理に収めようとするのではなく、波の下、すなわち海の底を見よと教えています。つまり、心の奥がどうなっているのか、そちらに目を向けよ、ということです。

心は常に外の対象に向かって働く習性を持っています。だから、見えるもの、聞こえるもの、舌で味わうもの、それらにさまざまな反応をして、常に活動してやまないのです。しかし、そうした感情にいちいち振り回されていてはしかたありません。だから、時には波立っている海の底に目を向けていく必要があるのです。

海の底はどうでしょうか。表面は波立っているかもしれませんが、深い海底に入っていくと、実に穏やかな静かな世界が広がっています。

そういう世界を哲学者の西田幾多郎《きたろう》先生はこんな歌にしています。

「わがこころ　深き底あり　よろこびも　うれいの波も　届かじとおもう」

頭や胸はさまざまな思いや感情や情熱でかき乱される。しかし、心の深い底には、いつも静かで穏やかなところがある。そこに立ち帰って、ものを見て判断をすることによって、正しい智慧や冷静な判断が出てくるのです。こういう心の深さを持っている人を「腹の人」というのです。

◉みんな生きる力を持って生まれてきている

我々は仏心ということをよくいいます。私はそれを大慈悲心と表現しています。それは生きる力といってもいいでしょう。**「鳥は飛ばねばならぬ／人は生きねばならぬ」**という坂村真民先生の有名な詩の一節がありますが、そうした生きる力です。それから、この世の中で我々が経験することに耐えていく力、そしてもう一つが周りのことを思いやることのできる力。仏心とは、このようなものです。

皆本来、心に仏心をそなえているということをお釈迦様はいいました。ということは、**我々は皆、生まれながらにして生きていくだけの力を持っている**ということです。生まれてきたからには、生きている間、自分の身にふりかかってくるさまざまな事象に耐えることのできる力を持っている。これが、お釈迦様の気づいた教えです。

自分のことだけではありません。周りのことを思いやることのできる力も持っているのです。近年、十八歳を成人とするかどうかという議論がなされています。ところが、成人とは何か、大人になるとはどういうことなのかという肝心な部分の議論が今一つはっきりしていないような気がします。皆さんは何をもって成人、大人といえるとお考えでしょうか。

ある人がこんなことをいっていました。**「大人の条件とは人の苦しみがわかることだ」**と。いい言葉だなと思いました。なるほど、自分の苦しみというのは誰でもわかりますが、人の苦しみを理解して思いやることはなかなかできません。

しかし、お釈迦様はそうした人を思いやる力を本来皆が持っているといったのです。そのような仏心に目覚めて、正しい判断や正しい智慧を学んでいこうというのが、私たち仏教の教えなのです。

◉自分で考え、自分で判断することが仏教の基本

これから紹介するのは、お経の言葉です。お経というと元は漢文、あるいはサンスクリット、パーリ語、チベット語といった難しい言葉で書かれていますが、それをやさしい日本語に訳したものです。「正見《しょうけん》」といって、仏教、お釈迦様の立場、そして

我々禅の立場もよく表している言葉です。少し長いのですが、引用してみます。

人から聞いたこと、古い言い伝え、世間の常識、あるいは文字になっているもの、そういうものを鵜呑みにしてはいけない。想像、推測、外見、可能性、あるいは師の意見、そういうもので教えが真理であると決めつけてはいけない。自分が直接、「この教えは正しくない、間違っている、賢者も批判している。この教えを実行すると弊害があり、人々が苦しむ」とさとったとき、それを捨てればいい。自分が直接「この教えは正しい、間違いがない、賢者も称賛している。この教えを実行すると人々が豊かになり、幸福になる」とさとったとき、それを受け入れ、実践すればいい。

これは、お釈迦様がカーラーマという村に説法に行ったときに発した言葉です。村にやってきたお釈迦様に、カーラーマの人たちはいいました。

「せっかくあなたのように立派な方にお越しいただきましたけれど、お説法は結構です」

お釈迦様は「どうしてですか」と尋ねました。するとこんな答えが返ってきました。

「うちの村には、今まで、あなたのような教祖だ、哲学者だ、宗教家だという人たちがたくさんやって来ました。誰も彼も、自分の説こそが正しい、自分の教えこそが正しいといいました。私たちは誰の話を信じていいのかわかりません。あなたにお話しいただいても同じことです」

それに対して、お釈迦様が答えたのが「正見」なのです。

普通、宗教というと、「教祖の言葉を信じなさい」「この経典を信じなさい」という場合がほとんどです。それがあまりに高じると、「この経典を諳《そら》んじることのできない奴は射殺する」というような愚かなことが起こったりします。

お釈迦様は、そうした見方に異議を唱えているのです。

昔からの言い伝えというのは、我々の世界でも大事にします。ただ、なぜその言い伝えが伝わっているのかということに対して正しい智慧を持たないまま、形式だけをなぞっているだけだと大事なことを見失ってしまいます。そういうことが我々の世界でも多々あります。だから、そういうものを鵜呑みにしてはいけないとお釈迦様はいわれているのです。

自分の師匠の言葉でもそうです。そのときの状況ではこういわれたとしても、状況が変われば教えも当然変わってきます。

たとえば、ある修行僧がいつも怠けてばかりいたら「しっかりやれ」といいます。しかし、あまりにも一所懸命やりすぎて体を壊しそうになっているのを見れば、「お前、少しは休め」と、反対のことをいいます。これをうわべの言葉だけで伝えようとすると、本質を見失ってしまいます。

だからお釈迦様は、古い言い伝えとか、立派な人がいっているからというのでそのまま信じるのではなく、自分で考えて、「これはどうもおかしい。世間の素晴らしい人たちも批判している。この教えを実行すると害になり、人々が苦しむことになる」と思ったならば、それを捨てる勇気を持ちなさいというのです。

逆に、自分が直接、「この教えは正しい。自分だけではなくて、世間の素晴らしい人たちも称賛している。この教えを実行すると人々が豊かになり、幸福になる」と悟ったならば、それを受け入れて、実践すればいい、と。

要するに、自分で判断をしなさい、自分で受け止めて納得をしていきなさいということです。仏教や禅の教えの基本はここにあります。お釈迦様の説だからといって、それをそのまま鵜呑みにするのではなくて、「これを実践したらどういうことになるのか」「今の時代にふさわしいか」「大勢の人たちに受け入れられるか」「自分も周りの人々も幸せになれるのかどうか」などをよく考えて吟味して、選んでいきなさいといっているのです。

◉この世は「常」ではなく「無常」である

我々が正しい智慧を得て、正しい判断ができるようになるためには、まずその逆を学ぶことが必要です。「なぜ正しい判断ができないのか」「なぜ誤ったものの見方しかできないのか」と考えてみるのです。そうやって誤りを知ると、何が正しいかがわかってきます。

私たちはありのままにものを見ていない、誤ったものの見方をしている。これが、お釈迦様が一番に指摘されたことです。そして、誤ったものの見方をしてしまうのは、**「常、楽、我、浄」**の四つがあるからだというのです。これを偏見といってもいいでしょう。どういう偏見なのか、一つずつ見ていきましょう。

一つ目の偏見は「常」です。常とは、常に変わらないと思い込んでいることですが、これは誤ったものの見方だとお釈迦様はいいます。

昭和六十年の夏、日本航空のジャンボジェット機が群馬県の御巣鷹《おすたか》山に墜落して、五百二十人が一瞬のうちに亡くなるという大事故が起こりました。私がお坊さんになって初めてのお葬式が、この事故の犠牲者の方でした。大きな会社の専務まで務めた方でした。夏の暑い暑いときのお葬式でした。それが自分の僧侶としてのお葬式の最初なものですから、忘れることができません。

あのときの犠牲者の中には、皆さんもよくご存じの坂本九《きゅう》さんが含まれていました。坂本九さんのお葬式で、永六輔《えいろくすけ》さんが弔辞を読まれました。その中で永さんはこんなことをいわれました。

「昨日と今日とは偶然並んでいるだけでした。今日と明日は突然並んでいるのでした。だから明日のないときもあるのです」

こういう感覚がおわかりでしょうか。昨日があって今日が当たり前のようにやって来る。そして、レールの上に順番に並んでいるかのように今日がまた明日になる。我々はそう思っています。しかし、それは思い込みの間違いなのです。決してそのように必然としているわけではない。

昨日は偶然今日になったのであり、明日は突然にやって来るものであって、必ずやって来るという保証は何もない。それが真理です。だから「明日のないときもあるのです」と、永六輔さんは坂本九さんに語りかけたのです。

これが**無常**という見方です。時間というのは決して続いているわけではない。本当は途切れ、途切れ、偶然、偶然があるだけなのですが、それが我々にはなかなかわかりません。

あの東日本大震災でもそうです。三月十一日の午前中に、あんな大地震が起こるとは誰も予測できませんでした。日本全国の占い師や予言者という人たちは何をやっていたのかといまだに思います。結局、そうした人たちにも何もわからなかったということでしょう。

皆さんはおみくじを買いますでしょうか？　私は買いません。鎌倉の鶴岡八幡宮にある大銀杏が倒れました。あれだけたくさんおみくじを売っているのに、大銀杏《いちょう》が倒れるなんて宮司《ぐうじ》さんもわからなかったのです。今年は自分のところの銀杏が危ないと事前にわかって対策を講じていたというのならば、なるほどと思いますが、実際は神社の人もわからない。それが真実です。

だから、生きていることは偶然なのです。そして残念ながら、死が訪れるということは必然なのです。まず、こういうものの見方をしろとお釈迦様はいっておられるのです。正しいものの見方は「常」ではない、「無常」であると。常ではないから無常というのです。

「逆縁の　なき幸せぞ　福寿草」――あるお年寄りが元気なお孫さんを見て、正月につくった俳句です。逆縁がないというのは、子供や孫が自分より先に死ぬことがないということです。順番に死んでいくのが幸せだということです。

しかし、それからしばらく後、その同じ人がこういう歌をつくりました。

「悲しきは　四、五日分の　髭《ひげ》のびて　傷ひとつなき　遺体掘り出す」

その間に阪神・淡路大震災が起こり、お孫さんは亡くなりました。ご遺体はすぐには見つからなかったようです。即死だったらしいのですが、見つかったときには髭が四、五日分伸びていたと。その方にとっては、まさか孫の遺体を掘り出すはめになるとは思ってもいなかったでしょう。何があるかはわからない。この世は無常です。

◉この世は「楽」ではなく「苦」である

お釈迦様の唱えた二つ目の間違った思い込みは**「楽」**です。いつも自分の思うようになるであろう、と思い込んでいる。楽観しているということです。楽の反対は「苦」です。お釈迦様の人生観の根本、教えの根本は苦にあります。これは、何も首をしめられて苦しいとか、痛い目に遭って苦しいという苦痛ではなくて、「自分の思うようにはいかない」という意味の苦です。

この苦には**「四苦八苦《しくはっく》」**があるとお釈迦様はいいました。まず**「生老病死」**という根本的な四苦があります。

最初の**「生」**とは生まれること。誰も自分の思うように生まれた人はいないと思います。「よーし、社長の家に生まれよう」と思って生まれてきた人は一人もいません。自分の思うようにいかずに生まれてきています。

二番目の**「老」**は年をとっていくことです。これも年をとってあちこち痛いという不自由な苦しさをいうのではなく、自分の思うようにいかない苦しさです。

三番目の「**病**」は病気ですが、これも自分の思うようにはいきません。「明日は会社に行きたくないから病気になろう」と思ってもそうはいきません。

そして最後の「**死**」は、言うまでもなく、自分ではいかんともなしがたいものです。

この四苦に加えて、お釈迦様は次の四つの苦があるといいました。

まず「**愛別離苦**《あいべつりく》」があります。愛するもの、好きな人と別れなければならない苦しみです。

これとは逆に「**怨憎会苦**《おんぞうえく》」もあります。嫌な人とでも会わなければならない苦しみ。

これも思うようにはいきません。

それから「**求不得苦**《ぐふとくく》」という求めても得られない苦しみがあります。

そして「**五蘊盛苦**《ごおんじょうく》」。五蘊というのは自分の肉体と精神のことです。自分の肉体と精神に感じるさまざまな苦痛は避けることができません。

「生老病死」の四苦に、この四つの苦を加えたものを八苦といいます。このように、この世は「楽」ではなく「苦」である、とお釈迦様はいわれたのです。そういう見方をするべきだということです。

◉「我」とは四つの煩悩からできている

三つ目の誤った思い込みは「**我**」です。我は迷いや苦しみ、判断を誤る一番の根本になるものです。その一方で、我というものがなければ我々は生きていくことができません。だから、兼ね合いが大事です。そのためには、「**無我**」ということをよく学んで、現実の上で誤ったものの見方をしないようにする必要があります。

では「我」とはどういうものかというと、それは「**我癡**《がち》」「**我見**《がけん》」「**我慢**」「**我愛**《があい》」の四つの煩悩であると仏教では分析しています。

まず根本にあるのは「**我癡**」です。癡というのは無知で愚かなこと。自分で自分をよくわかっていない、自分を知らない。これが人間の真理であると考えます。

次に「**我見**」。これはわがままなものの見方です。

さらに「**我慢**」。これはいろんな意味で使います。「辛抱しなさい」という意味で使う我慢は悪いものではありません。しかし、本来の我慢は、文字通り、「慢心」なのです。慢心は恐ろしいものです。私も大きな組織をお預かりしていますが、一番恐ろしいのはこの慢心です。

それから**「我愛」**。自分だけを愛しく思い、自分だけがよければいいという考えです。

「我」にはこの四つがあるとお釈迦様はいわれています。

◉慢心は七つに分析できる

このうち**「我慢」**、つまり**慢心**というものについて、もう少し細かく見てみたいのです。慢心とは他と比較して心が昂ることをいいますが、仏教の二千数百年の歴史では、この慢心を七つに分析しています。これを「七慢《しちまん》」といいます。

七慢の最初は**「慢」**で、自分より劣ったものに対して自分のほうが優れていると思うことです。これは普通のことではないかと思うかもしれません。しかし仏教では、他人と比較して自分が優れているという思いを抱いた時点で、すでに慢心であるというのです。非常に厳しい見方です。

二番目は**「過慢《かまん》」**です。これは、自分と対等のものに対して潜在的に自分のほうが優れていると考えること。岡目八目《おかめはちもく》という言葉があるように、傍《はた》から見るとよくわかるのですが、自分が当事者になると見えなくなるということがしばしばあります。

相手が自分と同じくらいのレベルにあると見ると、自分のほうが上だと思い込んでしまうのです。あるいは、自分よりも優れているものに対して、謙虚に優れていることを認められない。「あれぐらいは自分でもできる。自分とそこそこだ」と思い込んでしまう。人間には、そういう心の習性があります。そして自分にはこういう心の病があるということを知っていると、正しい判断につながるのです。病気をよく知っている人のほうが病気になりにくいというのと同じ理由です。

三つ目は**「慢過慢《まんかまん》」**。これは、慢心がさらに進むこと。自分より優れたものに対して自分のほうが優れていると思い込んでしまう過慢が一層高じることです。

四つ目は**「我慢」**。自分にこだわって、自分のほうが相手より優れていると思い上がること。この「自分にこだわって」というところが、我慢の厄介なところです。

五つ目は**「増上慢《ぞうじょうまん》」**。これは、わかっていないのにわかっているようなふりをすること。仏教の場合であれば、悟りが得られていないのに、さも悟ったかのように思い込むことを増上慢といいます。この言葉は今でも耳にすることがあるのではないでしょうか。

六つ目は「**卑慢**《ひまん》」。自分よりはるかに優れたものに対して、大したことはないと思うことです。相手のすばらしさを謙虚に認めないということです。

七つ目は「**邪慢**《じゃまん》」。自分に全く徳がないのに徳があると思い込んでしまうことです。

以上のような七つの慢心があると仏教では分析しています。いずれにしろ、慢心があれば謙虚さを失ってしまいます。その結果、正しい智慧、正しい判断を大きく阻害してしまうことになるのです。

このほかに、よく**卑下慢**《ひげまん》という言葉を使います。私が師匠である先代管長からやかましくいわれたのは、「挨拶をするときに『甚だ僭越《せんえつ》でありますが、挨拶をさせていただきます』という言葉を使うな」ということでした。これは禁句でした。「甚だ僭越だなんてことは人前でいうな。本当に僭越だと思うのならば出てくるな」と師匠はいっておりました。

同じように「高いところから失礼いたします」という言葉も使うなといわれました。「そう思うのなら下座でいえ。そういう余計なことはいわなくていい」と。

甚だ僭越ながらといいながら、人間には大概、慢心があります。だから、「そんな余計な言葉を入れてはいけない」というのが師匠の教えです。

そういわれて人の挨拶を観察していますと、「甚だ僭越でありますが」という人は、あまり僭越だとは思っていないことが多いようです。へりくだっているふりをして、実際には自慢をする。非常に厄介なものです。

◉人間の体はいつまでも綺麗なままではいられない——不浄観

誤った思い込みの四つ目は「**浄**」です。今、日本のメディアは、災害や事故が起きても、なるたけ死体を映さないようにしています。海外の映像はそんなことはありません。それは良し悪しだと思いますが、人間の本質は綺麗事だけではすまないし、実態をよく見ればむしろ不浄なものだと気がついている人ほど、逆に綺麗に整えようとするものかもしれません。それは、穢《けが》れているのに無理に清らかであると思い込んでいるともいえます。

しかし仏教では、**不浄観**といって人間の不浄なることをじっと見つめよということを教えています。

それを表す九相図《くそうず》というものがあります。これは人間が死んだ後でたどる姿を九段階で描いたものです。今は綺麗な女性でも、四十年も経てばどうなるでしょうか。綺麗なままという女性もいるかもしれませんが、全く同じわけではないでしょう。それと同じように、亡くなった方も、亡くなった瞬間と時間が経ったときとでは姿を変えていきます。九相図にはそうした変わりゆく姿が描かれています。

亡くなって時間がたつと、最初はぶくぶくと膨れ上がっていきます。これを**脹相**《ちょうそう》といいます。次に**壊相**《えそう》といって体が壊れてきます。内臓なども出てきてしまいます。それから**血塗相**《けちずそう》といって死体の腐乱や損壊がさらに進みます。そこから、**膿爛相**《のうらんそう》、**青**《しょう》**瘀相**《おそう》と進むと、死体がさらに腐敗して、青黒くなっていきます。どんなに綺麗な女性でも、必ずこういう姿をたどっていきます。

そして**噉相**《たんそう》、**散相**《さんそう》になると死体に虫がわいて、鳥や獣に食われてしまいます。その後は**骨相**《こっそう》といって骨だけになって白骨が散乱する。最後は**焼相**《しょうそう》といってお墓に納まってしまうことになります。

人間の体というのは、いつまでも今あるような綺麗な状態ではないということをよく知っておけというのが、仏教の不浄観の教えです。

ここまで「常」「楽」「我」「浄」という四つの偏見、誤ったものの見方についてお話ししてきました。これを四顛倒《してんどう》といいます。これ対して、正しい見方というのはどういうものなのでしょうか。仏教ではそれを**四不顛倒**といって、四顛倒のそれぞれに対応して正しい見方があることを教えています。

それもすでに見てきました。つまり、「常」に対しては「無常」、「楽」に対しては「苦」、「我」に対しては「無我」、「浄」に対しては「不浄」。これが仏教の教える正しいものの見方、判断なのです。

◉すべてのものは相互に依存しながら存在している——無常の本質

何が苦しみの原因になるのかということを、お釈迦様は常に説かれました。なぜかというと、苦しみから抜け出すためには、どうして我々が苦しみを起こすのかを知らなければならないと考えたからです。

お釈迦様の説かれた苦しみの原因とは、**無知**、**無明**《むみょう》というものでした。すなわち我々の愚かさに原因があるとしたのです。正しい真理の状態を知らないから苦しむのであり、正しい真理を知っていれば苦しむことはないというわけです。

私は和歌山県の生まれですから雪国の苦労というものを知りません。数年前に新潟に大雪が降って、その豪雪の見舞いに新潟に行きました。驚きました。もう本堂の屋根より高く雪が積もっていました。これは中に何が入っているのかなと思うくらいの雪でした。

私は地元の人たちに思わず「どうしてあなた方はこんな雪が降るところにずっと住んでいるのですか?」と聞いてしまいました。地元の人たちは平気な顔をして答えました。「はい、管長さん、この雪は春になると全部消えてなくなります」と。これが真理なのです。それがわかっていれば、何も動揺することはないのでしょう。真理を知ることによって苦しみから逃れるとはこういうことです。

この世が無常であることを知ると、生きる意味がなくなると思うかもしれません。しかし、決してそうではないのです。

たとえば、雪が消えるものだということを知らなければ、子供は一所懸命作った雪だるまが溶けて消えてしまったら慌てて、誰が持っていったのか、誰が壊したのかと大騒ぎをしたり、あるいは嘆き悲しんだりするでしょう。しかし、雪は溶けるものだという真理を知っていれば、雪だるま作りを楽しむことができます。

花でもそうです。どんな綺麗な花でも枯れていきます。では、花なんか飾ってもしょうがないと思うかというと、そんなことはありません。花の儚さを知るからこそ、綺麗なときに綺麗な花を生けようとするわけでしょう。

このように無常であることを知ることによって、ものを活かし、人生を活かしていくという智慧が出てくるのです。

仏教は、無常であるとか苦であるとかとよくいいますから、暗い嫌なイメージを抱かれることが多いようです。でも、決してそうではないのです。真民先生の「壊れるから美しいのだ　別れるから親しいのだ」という詩がありますが、無常であることを冷静に受け止めれば、そこに「活かす智慧」というものが出てくるのです。

無知とか無明というものはそうではありません。**常に変わりゆくものを永続するものと考えること、それが無知**であり、**自己という固定したものがないのにあると考えること、それが無明**です。

「変化というのは常に発展である」という素晴らしい言葉があります。創業者の人たちは、現実の厳しさに直面して、文字通り、無常であるということを体感するのでしょう。そして、常に変わりゆくことに対応して、常に発展していくということも体感していたに違いありません。ところが、それが当たり前に続くと思い込んでしまうと、大きな苦しみの原因になっていきます。

貪りも怒りも恐怖も嫉妬も、そのほか数え切れないほどの苦しみは無明から生まれます。その苦しみから解放されるためには、物事を深く見つめて、**無常の本質、つまり独立した自己がないこと、すべてのものは相互依存して存在していること**を理解する必要があります。自分だけ、あるいは、そのものだけで成り立つようなものは何一つないというのが、お釈迦様の摑んだ真理です。

この無常の本質を正しく理解することが苦しみからの解脱《げだつ》であり、正しい智慧へと導かれていくことにつながるのです。

◉智慧を四つの段階で考える

無知無明を克服すると、そこに正しい智慧が生まれてきます。仏教には心の科学という一面があって、この智慧というものも四つに分析しています。これを「**四智**《しち》」といいます。

まず「**大円鏡智**《だいえんきょうち》」というものがあります。大円鏡智とは、文字通り、大きくて円い鏡のような智慧です。先に慢心について話しましたが、そのように自分に都合のいい見方をするのではなく、それこそ鏡に映るようにすべてのものをありのままに見るという智慧が大円鏡智です。

ありのままに見るというのは、実に難しいことです。大概は自分の都合のいいように見てしまいます。すると冷静な判断、正しい智慧が出てきません。だから、心を常に鏡のように綺麗に磨いていなければいけないというのです。

四智の二つ目は「**平等性智**《びょうどうしょうち》」です。心を鏡のように磨くために、腰骨を立てて、お腹に力を込めて、ゆっくりと呼吸をして、心を調え、心を澄まします。すると平等にものを見ることができるようになるのです。先に我癡、我見、我慢を学びましたが、私たちは平等にものを見ているつもりでも、実際は平等に見ていないことが多々あります。自分の都合のいい見方をしてしまうのです。隣の芝生は青く見えると昔からいいますが、平等に見るというのはそう簡単なことではありません。

鏡のような心で、平等に、偏《かたよ》らずにものを見ることができるようになると、そこに「**妙観察智**《みょうかんざっち》」というものが出てきます。妙とは「素晴らしい」という意味で、精妙な観察ができるということ。これが三つ目の智慧です。

この間、二宮尊徳（金次郎）さんの子孫にあたる中桐万里子先生の本を読んで、なるほどと思いました。尊徳さんは本当によく観察をする人だったようです。たとえば天保の大飢饉が起こる前に田植えをして、その後でナスの漬物を食べたときに、「これはおかしい、秋ナスの味がする」と気づくのです。そこから「この夏は冷夏になる」と確信して、皆に「今、田植えをした稲を全部抜いて、寒さに強い稗《ひえ》や粟《あわ》を植えよ」というのです。

これは大変な智慧、判断だったと思います。我々であれば、観察をしても違いや変化にはなかなか気がつきません。大抵、「まあ今年も去年と同じくらいだろう」と思い込んでいるからです。二宮尊徳という人は、そういう違いを敏感に察知したのです。するとそこから、四つ目の智慧である「**成所作智**《じょうしょさち》」が生まれてきます。これは、今、何をなすべきかがわかる智慧です。二宮尊徳さんの話でいえば、「今、田植えをしたけれど、これをそのままおいておくと、冷夏で全部ダメになってしまう。だから今のうちに全部引っこ抜いて、稗や粟を植えろ」という判断を下して、それを実践したのです。このように、なすべきことを成し遂げる智慧こそが、「そのときどう動く」という智慧なのです。

◉慈悲は四つの中身からできている――四無量心

仏教では、**仏心とは智慧と慈悲である**ということをいいます。正しい智慧というのは、必ず慈悲、思いやる心になって働くものです。そこで、この慈悲も四つに分けて考えています。これを「四無量心《しむりょうしん》」といいます。

その一つは「**慈**」です。慈は、人に何かをしてあげたいと思う心です。**思いやりの心、楽しみを与える情け深さ**です。これは人間が持って生まれた心です。

次の「**悲**」は、**苦しみを除くあわれみの心**です。人の苦しみがわかる、人の悲しみがわかる、人のつらさを感じてあげることができるようになって初めて、その苦しみ、悲しみ、つらさをなんとかしてあげたいと思う心が生じてきます。これを仏教では「悲」といいました。この悲を慈とあわせて慈悲というのです。

三つ目の**「喜」**とは、**人に喜んでもらいたいと思う心**です。人々が楽を得るのを見て喜ぶ。それが「喜」です。これは仕事の大きな原動力にもなるでしょう。人が喜ぶ顔を見ると、やる気も増進してくるものでしょう。

慈悲の最後は「捨」です。捨てると書きますが、**心が偏らないこと、心が平等であることを**いいます。常に平静であること、常に穏やかであること。これが究極の慈悲だといわれます。

映画の『男はつらいよ』に柴又の御前様《ごぜんさま》というのが出てきます。柴又の御前様は、柴又にある帝釈天《たいしゃくてん》の住職です。映画を観たことのある方はご存じでしょう。あの御前様は別に寅さんに説教するわけでも、何かを与えるわけでもありません。でも、いつも静かな穏やかな心で寅さんを見つめています。それが「捨」という心です。

◉高い理想を掲げて歩けば道を誤ることは決してない

こういう四つの慈悲の心を常に持っているというのが、私たちの心の本質だということで、お釈迦様は**「仏心とは大慈悲心なり」**といっています。これをお釈迦様は次のような言葉で表現しています。

「あたかも母が己が独り子を命を賭けても守るように、そのように一切の生きとし生けるものどもに対しても、無量の慈しみの心を起こすべし」（スッタニパータ）

この間、こんな話をしたらある主婦の方から反論されました。「管長は子供を育てたことがありますか」と、その方はいわれました。残念ながら、私は結婚をしておりませんので、子供を育てたことはありません。

するとそのお母さんはいいました。「これはおかしい。自分は我が子一人を育てるだけでも命がけです。それなのに、あらゆる人に慈しみの心を起こせというのは不可能です。そんな不可能なことを要求されても仕方がない」と。

そのとき、私は北極星の話をしました。舎利殿《しゃりでん》というものが円覚寺にあります。舎利殿とは、お釈迦様のお骨をお祀りしている円覚寺で一番大事な場所です。その真上にいつも北極星が出るのです。

ご存じのように、北極星を目指して歩いていけば、必ず北の方向に進みます。北極星に向かっていけば、道を間違えることはありません。もちろん、いくら北に進んでも北極星に到達することはあり得ません。かといって、何も目指すものもなくやみくもに歩けば、人間は道を誤ってしまうのです。

確かに、お釈迦様の説かれたことは、我々には到底実現不能な高い理想かもしれません。しかし、これを理想として、このような慈悲の心を目指して一歩でも半歩でも進んでいこうという気持ちで毎日生きていれば、道をそれることはないのです。北極星を目指して歩くのと一緒です。到達することはできなくても、高い理想を掲げて、そこに向けて歩いていけば方角を見失わないのです。

これは理想です。しかし、このような心こそが理想なのだと思って日々努力することは、決して無駄ではありません。

◉自分が大事だと気づけば、人を大事にすることもできる

今日は、仏教が教える心のあり方について、さまざまな角度から学んできました。短い時間に詰め込んでお話ししましたので、食傷《しょくしょう》気味の方もおられるかもしれません。

また、自分の我見、我慢、自分中心のものの見方をなくさなければ、正しいものの見方、判断ができないといわれると、今のお母さんの言葉と同じく、到底実現不可能

ではないかと思うかもしれません。誰でも自分の仕事が大事だし、自分の家族は守りたいし、そんな無我になって平等になんてできやしないと思うかもしれません。

しかしながら、努力をして念じていけば花は開いていくのです。**「疑えば花開かず。信心清浄なれば花開いて仏を見たてまつる」**のです。そうすると本来の心、仏様のような心が目覚めてくるというのです。

長い間、お釈迦様のお話を聞いていた人が、お釈迦様にこういいました。「お釈迦様は常に自分中心ではいけない、わがままな思い込みはいけない、自分ばかりをかわいがってはいけないといわれます。しかし、自分は多年、お釈迦様の話を聞いてきましたが、やはりこの世の中で自分は大事ですし、自分のことはかわいい。その思いはどうしても捨てることはできません」と。大変正直に告白をしたわけです。

それに対して、お釈迦様はこんなふうに答えました。

「人のおもいはいずこへもゆくことができる。されど、いずこへおもむこうとも、人はおのれより愛しいものを見いだすことはできぬ」（相応部経典）

お釈迦様は、無我だ無我だといい、自分中心なものの見方、偏ったものの見方では正しくものは見えないし、苦しみの原因になるだけだとあれほどいいながら、しかしやはり人間は自分より愛しいものを見いだすことはできないといったのです。そう思うことは何も間違っていないのだと肯定しているのです。

しかし、それだけでは終わりませんでした。次にこういいました。

「それとおなじく、他の人々にも、自己はこの上もなく愛しい。されば、おのれ愛しいことを知るものは、他のものを害してはならぬ」（同前）

自分がかわいい、自分の会社が大事だ、自分の家族が大切だと思っているのはそれでいい。それと同じように、周りの人も自分が大事だと思っているということを知りなさい。そのことがわかったならば、周りの人を傷つけないようにしなさい。そういわれたのです。これが仏教の教えの根本です。

自分というものを冷静に見つめ、自分の過ちや欠陥をこれぞというところまで見つめていくことによって、お釈迦様は自我意識から完全に離れ、完全な悟りを得たのだと思います。

しかし、我々には、到底それは不可能です。だからといって諦めず、それを理想として努力をしていくことです。それによって、皆、自分が大事なのだと気づけば、他人を苦しめるようなことはしてはいけないとわかるはずです。その点で、今、宗教が人を苦しめる原因になっているというのは、私にはちょっと理解できません。

お釈迦様は、これを蜂にたとえました。**「蜂が花の味と香りを損なわずに蜜のみを集めていくように生きろ」**といわれたのです。皆さんは、蜂が花の蜜をとっている様子をご覧になったことがあるでしょうか。蜂は決して花を傷つけたり、傷めたりしません。何も傷つけずに、自分にとって大事な蜜だけをいただいて生きています。人もそのように生きろ、とお釈迦様はいわれました。

これは理想です。しかし、これが理想だと思って進んでいけば、それほど道をそれることはないのだと思います。

◉人を幸せに導く三つの田んぼ——三福田

お釈迦様は、人を幸せにする三つの田んぼがあるといいます。それを「三福田《さんふくでん》」といいます。

一番目は**「敬田《きょうでん》」**。敬うものを持つということです。繰り返しになりますが、理想を掲げるということです。これが自分の理想だという人を持つ。到底その人のようにはなれないけれど、自分はどこまでもこの人を目指すんだというものを常に持つ。すると幸せになれるというのです。

二番目は**「恩田《おんでん》」**。ご恩というものを思うことです。人間は一人では決して生きていけません。相互に依存し合って、相互に助け合っているということを常に忘れてはいけません。それが幸せにつながるのです。

三番目は**「悲田《ひでん》」**。周りに対するあわれみを持つことです。周りの人の苦しみや悲しみを知る心を持つということです。

この三つの心を持っていれば、苦しみの中にあっても幸せに生きていくことができるというのが、お釈迦様が説かれた教えの要諦《ようてい》です。

◉自分を生かしている大いなるもの

私の好きな安積得也《あづみとくや》さんという方の詩があります。

眼前のことで手いっぱいのときも
花を忘れまい
大空を忘れまい
おおいなるものましますことを
忘れまい

皆さんはこれからたくさんのことをおやりになるでしょう。目の前のことで手いっぱいのときも多々あるでしょうが、そんなときでも、道野辺には花が咲いていることを忘れないでほしいと思います。

また、空を仰げば大空が変わらぬ雲を浮かべています。朝日は変わらず昇っています。自分を生かしている大いなるものがましますことを忘れないでください。

重信川《しげのぶがわ》という川が愛媛県にあります。坂村真民先生について勉強しようとすると必ず出てくるのが重信川です。真民先生は生前、毎朝、重信川にかかる橋を渡って、日の出を拝んでいました。朝の日の光を浴びることを「日の光を吸う」と表現しています。日の光を吸い、そして「天から声をきいて、天から詩を授かるんだ」といっておられました。

私は愛媛県砥部町《とべちょう》にある真民先生のお家には何度もお伺いさせていただいています。このたびも致知出版社から出した『人生を照らす禅の言葉』という本の中で真民先生の詩をたくさん引用させていただいたお礼に、砥部町で坂村真民記念館を開いておられる三女の西澤真美子さんとご主人の西澤孝一さんのところへご挨拶にまいりました。

重信川の朝日を見ることは、私の多年の悲願でした。朝日というのは、ちょっと曇っていただけでも見られません。重信川の朝日は一度も見たことがありませんでした。このときも前後に台風が来ていて、当初の天気予報では飛行機も飛ぶかどうかという様子でしたが、念ずれば花ひらくというのか、飛行機も無事に飛び、愛媛県に到着したときは快晴でした。

日を拝むということは事前にお話ししていなかったのですが、翌朝、娘の西澤真美子さんが散歩にみえて、一緒に朝日を拝みました。感動しました。たくさんの鳥が鳴き声をあげながら飛んでいきました。雲、日の光、風、なるほどこれが真民先生の目指した「大宇宙大和楽」かと全身で感じて帰ってきました。

こういう大いなる自然がいつも身近にあることを忘れないでいただきたいというのが、今日お話ししたかったことです。

◉正しい方向を見失わないために歴史を冷静に見つめる

最後に、正しい判断ということで、最近勉強したことがありますので、少しだけ紹介させていただきます。美濃部正《みのべ》という人をご存じでしょうか。大正四年に生まれ、平成九年まで生きていた方です。戦争中は航空隊の隊長で、階級は海軍少佐でした。

昭和二十年二月、千葉県で航空隊の指揮官八十四人が集まった作戦会議があったそうです。レイテ沖海戦で負け、敗戦が見えてきた頃です。間もなく硫黄島にアメリカ軍が上陸し、沖縄攻撃も始まろうとしていました。

そのときの会議で特攻（特別攻撃）が選択されました。しかし、集まった指揮官たちに対して美濃部少佐は敢然《かんぜん》と異を唱えました。

「特攻の掛け声ばかりでは勝てるわけはない。ここに居合わす人たちは皆、指揮官であるから自ら突入するわけではない。あなた方はどれだけ敵の弾爆の中をくぐってきたというのか。自分はいくたびも戦争に出ている。今の飛行技術の未熟な若い者たちに突撃させたとしても、アメリカのグラマン機をくぐりぬけることは不可能に近い。少しでも生きる望みのあるものであれば意味はあるけれど、どんな人であろうとも、死を命ずる権利は人間にはない」

当時こんな事を言ったら処刑されても仕方ありません。美濃部少佐も死を覚悟したというのですが、彼を評価する人もいてくれて死を免れています。

結局、美濃部少佐は自らが率いる部隊には最後まで特攻の命令を下さず、夜襲攻撃を展開し、命をかけて戦い抜きました。戦後も長く生きて、自衛隊の空将になりました。

美濃部さんは、晩年、こんなことをいっています。

「なぜ特攻という愚かな作戦をあみだしたのか、それを考えている。あの愚かな作戦と、あの作戦に死んだパイロットたちとは全く次元が違うことを理解しなければいけない」と。若い人たちの純粋な思いと、愚かな作戦を判断したことは別次元で考えなければならない。なぜ、あのような愚かな作戦に走ってしまったのか、我々は反省をしなければいけないというのです。

自らの命をかけて、家族を守り、祖国を守ろうとした、あの英霊の心を日本人は忘れてはいけませんし、それをお祀りすることを疎《おろそ》かにしては決してならないとは私も常々思っているところです。

亡くなるほんの少し前に、美濃部さんは次のように言い残しています。

「平成の人たちよ、今は別の意味の太平洋戦争を繰り返そうとしている。平和、戦争反対、経済繁栄、自由、生活環境の安全、これが君たちの二十一世紀に向けての世論だと。このような虫のよい、独りよがりが世界に通じるものであるのか」

実に厳しい指摘です。

日本という国は、何かの風にあおられて動いてしまうところがあります。そういう風がどこから吹いてくるのかを見定めなくてはいけません。先にお話しした火事の話を思い起こしてください。現場の消火活動も大事ですが、高いところに立って風の向きを確認することも考えてほしいのです。

「日本人の生活を五十パーセント切りさげよ。そのお金で飢餓民族の経済発展を支援せよ。その覚悟と実行力なくして、今の日本人に世界平和を訴える資格はない」

これも美濃部さんの言葉です。厳しい意見だと思います。しかし、正しい判断を下すためには、歴史においても正しい認識をする必要があるということだと思います。

昭和二十年九月に昭和天皇が今上天皇陛下《きんじょう》に宛てて出した手紙があります。この手紙に書かれていることは、おそらく昭和天皇の本音だろうと思います。

そこには、なぜ日本があのような戦争に突入し、悲惨な敗戦へと至ったのかが書かれていました。

「わが国があまりにも皇国を信じすぎて、英米を侮《あなど》ったことである。わが軍人は精神に重きをおきすぎて、科学を忘れたことである。明治天皇のときには、山縣、大山、山本等の陸海軍の名将があったが、今度のときはあたかも第一次世界大戦のドイツのごとく、軍人が跋扈《ばっこ》して大局を考えず、進むを知って退くを知らなかったからである」

こういう認識こそが正しい智慧、正しい判断というものだと思います。そして、このような判断を導くためには、冷静で緻密な情報の分析と、何が正しい方向なのかを考える平静な心が必要です。

皆さんもどうか、正しい方向を見失わないようにして、日々のお勤めに努力していただきたいとお願いを申し上げまして、今日のお話を終わります。

第四講

大木に学ぶ
――根を養うという生き方

◉大村智先生と『延命十句観音経』

今年（二〇一七年）の円覚寺の夏期講座にノーベル生理学・医学賞を受賞された大村智先生に来ていただきました。大変立派な先生でございます。ご存じの方も多いと思いますが、大村智先生は山梨大学を出て、しばらく東京の定時制高校の先生をされていました。そこからノーベル賞を取るような研究者になられたのです。

講座が終わった後、大村先生とお食事をしました。そのときお話しになっていましたが、最初は研究者になりたいと思っても、東大や京大ならいざ知らず、地方の大学を出て、しかも定時制高校の先生をやっているようでは無理だといわれたそうです。しかし、人生は出会いです。「どこの大学を出たかは問題ではない。大学を出た後にどれだけ学んでいるかが問題なんだ」といってくださる先生がおられたそうです。そして大村先生はその先生について学ぶことになったのです。

高校・大学時代はスキーを一所懸命にやっていたそうです。するとどういうわけだか、自分がスキーに出かけると村の人たちが皆それを知っているというのです。それがなぜなのかずっとわからなかったそうですが、後年、その理由がわかりました。

実は、先生のおばあさんが、孫の智がスキーに出かけると必ずお家の近くにある観音様をお祀りしている観音堂へ行って「孫が怪我をしないように、無事帰ってくるように」とお祈りしていたのです。そのことを大村先生は、おばあさんが亡くなってから知ったそうです。いい話だなと思いました。

おばあさんがお参りしていた観音堂には『延命十句観音経』が書かれていました。だから大村先生は、『般若心経』は最後まで暗誦《あんしょう》できないけれど、おばあさんのご縁で『延命十句観音経』だけは読んでいるそうです。

私は『延命十句観音経』をあちこちで勧めていて本も作りましたので、思わぬ出会いに嬉しくなりました。その小さな本をいつも袂《たもと》に入れておりますので、早速それを大村先生に差し上げました。

その後、私は『延命十句観音経』の紹介をするとき、「かの大村智先生も読んでいる『延命十句観音経』でございます」といって話をしています。

◉見えているのに見ていないことがある

さて、今日は「大木に学ぶ」というテーマでお話をしてみたいと思います。年配の人はこんな俳句をご存じなのではないでしょうか。

「猿飛んで一枝青し峰の松」

これは何を詠った句だと思いますか？　猿でしょうか、それとも松でしょうか。

実はこの俳句の題は「雪」なのです。

こういうところが日本の俳句、日本文化の深いところです。雪を詠ったにもかかわらず、この句には「雪」という文字は出ていません。ちょっと絵を思い浮かべてみてください。全山が雪で真っ白のところに、お猿が木の枝からピョンと跳びました。すると、その飛び跳ねた枝だけ雪が落ちて、積もった雪の下にあった松が見えてきたのです。

この句を詠む我々は、お猿と松にしか目を留めませんが、実は画面いっぱい、景色いっぱいに広がっているのは雪なのです。ところが、あまりにも目の前にありすぎて見えない。お猿が松の木から飛ぶという一つの現象だけに目がいってしまって、雪を詠っていることになかなか気がつかないのです。面白いなあと思います。

「世には見れども見ざるものあり。よく見るもの少なし」

これはお釈迦様の言葉です。「世の中は見ていても見ない人が多い。本当によくものを見る人は少ない」といっています。

我々は何か一つの事件があるとそこだけに目を向けて、その周りに何があるかということが見えていない。こういうことは日常でもさまざまあると思います。そして、むしろこの見ていながら見えていないところに大事なことが隠れていたりするのです。

◉山の中に松の木を植える真意は何か

仏教にはさまざまな宗派がありますが、私どもの宗派は臨済宗といいます。禅宗の一派で日本には曹洞《そうとう》宗と臨済宗がありますが、我々は臨済のほうです。

日本の歴史に照らして見るならば、武士たちがここ鎌倉の地に鎌倉幕府を開きました。そして、それ以前の貴族的な仏教、祈禱《きとう》やお祈りごとばかりするような仏教ではなく、実践する仏教が始まりました。修養、坐禅、自分の身を修め、心を修める。そして質素かつ簡素を尊び、生死の問題と真っ向から取り組むことなどを教えとする私どもの禅宗は、鎌倉の武士たちが求めるものと一致しました。

その結果、鎌倉幕府は禅宗を、特に臨済宗を大事にしました。そのため臨済宗のお寺がたくさん建てられました。鎌倉では円覚寺と建長寺、京都では有名な南禅寺、天龍寺、大徳寺、妙心寺、建仁寺、東福寺、こういう寺は皆、臨済宗です。

逆に、曹洞宗は時の幕府や政権に大切にされたわけではありません。むしろ地方で一般の庶民に浸透していきました。ですから曹洞宗の本山である永平寺は地方の山の中にあります。同じ禅宗ですが、そういう違いがあります。

臨済宗を開いた臨済は中国の唐の時代の人で、今から千百五十年ほど前に亡くなっています。臨済が生きたのは、日本でいえば平安時代です。この人の教えが『臨済録』という語録になっています。『臨済録』は今でも岩波文庫の中に入っていますので、読もうと思えば簡単に手に入ります。現代語訳もついています。

哲学者の西田幾多郎は、この『臨済録』と親鸞聖人の残した『歎異抄《たんにしょう》』があれば他の書物はなくてもいいといったほどでした。『臨済録』はそれほどの書物です。
その『臨済録』の中に「深山に松を栽《う》える」という話が伝わっています。

師、松を栽うる次で、黄檗《おうばく》問う、深山裏に許多《そこばく》を栽えて、什麼《なに》か作《せ》ん。師云く、一つには、山門の与《ため》に境致と作《な》し、二には、後人《こうじん》の与に標榜と作さん、道《い》い了《おわ》って、钁《かく》頭《とう》を将《もっ》て地を打つこと三下《さんげ》す。黄檗云く、是の如くなりと雖然《いえど》も、子已《なんじ》に吾が三十棒を喫し了れり。師、又钁頭を以って地を打つこと三下、嘘嘘《きょきょ》の声を作す。黄檗云く、吾が宗、汝に至って大いに世に興らん。

これは「臨済栽松」といわれる話ですが、私どもが臨済の教えの中でも大切にしているものの一つです。

「師、松を栽うる次いで、黄檗問う、深山裏に許多を栽えて、什麼をか作ん」

この師というのは臨済です。臨済がまだ修行時代に松を植えていたところ、お師匠さんの黄檗禅師が「こんな深い山の中に、そんな松を植えてどうするつもりだ」と聞きました。

「師云く、一つには、山門の与に境致と作し、二つには、後人の与に標榜と作さん」

するとか臨済がいいました。「一つには門のあたりの景色にしたい。もう一つはこれから後の世の人たちのために道標にしたい」と。つまり、この松を「ああ、あそこに行けば禅のお寺があるなとわかるような道標にしたい」といったのです。

「道い了わって、钁頭を将て地を打つこと三下す」

「钁頭」というのは鍬《くわ》です。鍬で地面を三回鋤《す》きながら一所懸命松を植えていきました。

深い山の中に松を植えた、その真意というものは何か。これが臨済の教えの中の一つの大事なところです。

この円覚寺には種々雑多な樹木が植えられていますが、こういう臨済の話があるものですから、京都の臨済宗のお寺へまいりますと、植えられているのは松の木ばかりです。京都の妙心寺の参道なども松ばかり植えてあります。

◉変わることのないものを大事にする

臨済が松を大事に植えたという話をたどると、その大本はどこにあるのかと思います。『論語』子罕《しかん》篇には次の言葉があります。

「子の曰わく、歳寒くして、然《しか》る後に松柏《しょうはく》の凋《しぼ》むに後《おく》るることを知る」

寒い冬になるといろんな木々が紅葉して葉を落とします。しかし松や柏の木は色を変えることはないし、落葉してしまうこともありません。つまり、「周りの世の中がどのように変化していこうと、その中にあって決して色を変えることがない変わることがないもの、変わることがないもの、それを大事にする」という意味合いが、この言葉には込められています。

ここに松と柏と出ていますが、この柏は柏餅を包む柏と同じではありません。あれは落葉樹《らくようじゅ》です。ここでいわれている柏は、禅の語録では「柏樹子《はくじゅし》」という名前で出てきます。『無門関《むもんかん》』という禅の公案集がありますが、そこに「庭前柏樹子《ていぜんはくじゅし》」という禅問答が載っています。

趙州《じょうしゅう》和尚因みに僧問う、如何なるか是れ祖師西来意。
州曰く、庭前の柏樹子。

趙州和尚は臨済禅師とほぼ同時代に活躍された方です。祖師西来とは祖師、つまり達磨様がはるばる西方のインドの国から中国へやってきたということです。その意図は何か。達磨様はインドから何を伝えに来たのか、と僧が趙州和尚に尋ねたのです。すると趙州和尚は、「それは庭の前の柏の木だ」といいました。「柏樹子」の子は子供という意味ではありません。これには意味がなくて、柏樹子で柏の木を表します。

この柏は真柏《しんぱく》とか柏槙《びゃくしん》とかいう常緑樹です。松などと一緒で、色を変えることも落葉することもありません。だからこれを常緑樹といいます。この真柏、柏槙の木は円覚寺の少し北側にも植えられています。円覚寺の御開山、仏光国師無学祖元禅師がお手植えをしたという言い伝えがありますから、樹齢はおそらく七百年になるだろうと思われます。

無学祖元禅師が中国から日本に来られた当時は、禅というものが伝わって間もない頃でした。当然、松や柏の木を大切にするという伝統もありませんでした。そこで無学祖元禅師が鎌倉に来て松と柏槙を植えたという記録が無学祖元禅師の語録に残っています。

こういう大木からいったい私たちは何を学べばいいのだろうかということから、考察を深めていきたいと思います。

◉植物とストレス耐性

坂村真民先生に「一本の道を」という詩があります。教科書にも採用されることの多い詩で、最近もある中学校の道徳の教科書に載せられたと聞いています。

木や草と人間と
どこがちがうだろうか
みんな同じなのだ
いっしょうけんめいに

生きようとしているのを見ると
ときにはかれらが
人間よりも偉いとさえ思われる
かれらは時がくれば
花を咲かせ
実をみのらせ
自分を完成させる
それにくらべて人間は
何一つしないで終わるものもいる
木に学べ
草に習えと
わたしは自分に言い聞かせ
今日も一本の道を行く

この一篇だけでも真民先生の仏教的な考え方をうかがい知ることができます。

この詩を読んだ人の中には、人間はもっと上等なもので草や木と比べられるようなものではない、と思う人がいるかもしれません。果たしてそうでしょうか。

先日、私どもの夏期講座に篠浦伸禎《しのうらのぶさだ》先生という脳外科の先生に来ていただいてお話をしていただきました。そのときに認知症のお話がありました。

私もこの頃よく話すのですが、お釈迦様は人間の苦しみを生老病死の四つといいましたけれど、今はもう一つ増えてきています。生老病の後にボケというものが出てきました。生老病、そして呆けて死ぬ。この呆け、認知症がこれからの日本にとって大きな問題になります。いくら長生きをしたとしても、認知症になってしまったらどうしようもありません。

篠浦先生は認知症の原因はただ一つ、ストレスであるといわれていました。ストレスが脳細胞にダメージを与えることによって認知症害が起こるのだそうです。

人間が生きることにストレスはつきものです。ストレスをすべて取り除くことは不可能でしょう。とすれば結局、我々はストレス耐性を身につけるしかないのです。そのためには、食べるものは植物がいいのだと篠浦先生はいわれました。それはなぜかというと、こういうお話をされました。

「たとえば大根を見てみなさい。大根は決して動かないでしょう。一つの場所でじーっとしている。じーっとしてその場所に耐えて生きているから大根はストレスに強いんですよ」と。面白い説明でした。

そういう植物を摂取することは、それだけストレスに強くなることだというのです。わかったようでわからない理由ですけれど、妙に納得しました。

確かに人間は嫌なことがあるとじたばた動き回ります。しかし、植物はじっとしている。それだけストレスに耐える力、ストレス耐性を持っていると篠浦先生はいうわけです。

◉草木に学ぶことがたくさんある

この間、月刊『ＰＨＰ』という雑誌から取材を受けました。イライラ、クヨクヨをどうなくしたらいいかという特集を組むので専門家からのアドバイスがほしいということでした。なんで私が専門家なのかわかりませんが、入社二年目の若い女性記者が京都から取材に来てくれました。

この若い女性記者とは初めてお会いします。向こうは緊張して、万が一約束の時間に遅れては大変だと、あらかじめ大船にホテルを予約して前日から泊まり、満を持して大船駅に向かいました。ところが、運悪く電車が停まっていて、結局、少し時間に遅れてやってきました。絶対に遅れないようにとせっかくホテルを取って予定を立てていたのに、お気の毒なことでした。

彼女はホームで早く電車が来ないかとイライライライラしていたといいました。まさに特集のテーマそのものです。私は「あなたがどれだけイライラしたって、それでJRの電車が早く来てくれるわけじゃないからイライラするだけ無駄な努力だよ」といって、それが取材の始まりになりました。

彼女はホームで電車を待っている間、線路脇に生えている一本の草をずっと見ていたそうです。いろんな電車が通るたびに轢かれそうになりながらじーっとそこに生えている草を見ていると、何か心にじーんと打たれるものがあったと話しました。

万全の準備をしたのに電車が遅れて約束の時間に遅れてしまったというのは彼女にとって口惜《くちお》しい出来事だったでしょうが、すぐに電車が来ていれば線路際に生えている草を目にすることはなかったはずです。

だから、「それはいいことじゃないの。大事な教えをいただいたんじゃないの」と私は彼女にいったのです。

八木重吉《じゅうきち》の言葉があります。

こんな草なんか
なぜ人間は羨ましいのだろう
ほかの者のいうことなど少しも気にかけず
力いっぱい生きているせいだろうか」

先ほどの真民先生の詩にも「木に学べ　草に習え」とありましたが、私たちが木や草から学ぶものはたくさんあるのではないでしょうか。

◉根を養うことの大切さを知る

今日は「大木に学ぶ」というテーマでお話ししていますが、坂村真民先生には「大木」という詩があります。

大木たちが
わたしに教えてくれた
一番忘れられない話は
根の大事さということであった
目に見えない世界と
目に見える世界とがある
美しい葉や
美しい花や
美しい実は
見える世界であるが
それらをそうさせる
一番大切なのは
大地に深く根を張り
夜となく昼となく
その木を養っている

幾千幾万の
根の働きということであった
わたしは大木の下に坐して
そうした話に聞き入り
元気をとりもどしては
また歩き出して行った
目をつぶると
それらの木々たちが
いまもわたしに話しかけてくる

我々は普段、目に見える現象だけを追いかけています。美しい葉や美しい花や美しい実は目に見える世界です。

寺におりますと、観光客の皆さん方は花が咲いているときにしかみえません。ナンジャモンジャという木に花が咲くとみんな喜びます。ナンジャモンジャは正式名ではないのですが、「この木はいったいなんじゃなんじゃ」といっているうちに、ナンジャモンジャと呼ばれるようになりました。白いきれいな花を咲かせます。私たち寺にいる者ですら、一年三百六十五日のうち三百六十日はその木のことを忘れています。ところが、木いっぱいに白い花を咲かせると、「ああ、ナンジャモンジャだ、ナンジャモンジャだ」と目を向けます。花が咲いているときにしか目に触れません。これは見える世界です。

しかし、その木を養っているのは、大地に深く張っている幾千幾万の根の働きです。根を見る人はまずいませんが、樹木医という人は別で、根を見ます。

寺には何本か天然記念物に指定されている木があります。そのうちの一本、ウスキモクセイ（薄黄木犀）の大木に、最近だんだんと枯れ枝が目立つようになってきました。天然記念物ですから我々が勝手に切るとか、触ることはできません。市の職員の方に見てもらって、その許可を得て樹木医の先生がやってきました。

素人目に見ると、枯れた枝がいつまでも木の上にあると目障りですし、その木にとってもよくないのではと思います。だから、まず枯れ枝を落とすだろうと見ていたのですが、樹木医の先生は一本も枯れ枝を切りません。「切らないのですか」と聞くと、「木の枝は切らなくてもいいです」とのお答えでした。

では、何をするかというと根に栄養を与えるのです。木の根元の土を何回も何回も掘って、土の中に栄養になるものを定期的に注入していくのです。

それを入れたからといってすぐに木が変わるわけではありません。私なども、最初の数か月は、「せっかく栄養をやっても一つも変わらないな」と思ってヤキモキして見ていました。ところが、半年、一年、二年とたつと、枯れ枝だと思っていたところから芽が出てきました。

結局、枝を切ることなくウスキモクセイは元気になってきました。なるほど根を養うとはこういうことかと思いました。

◉根が広がっている分だけ枝が伸びるのが正しい姿

根というのはどれぐらい張っているかというと、枝が伸びている範囲まで根が伸びているのです。逆をいえば、根が伸びている範囲まで枝が伸びるということです。これが木というものの性質です。

ですから樹木医の先生が根に養分を注入するときは、根元ではなくて根の先端のほうに入れます。根元の太い根から栄養を吸収するわけではなくて、先端部分から吸収するからです。

だから、根が広がっている分だけ枝が伸びているのが木の正しい姿なのです。このバランスが崩れて、根が小さいのに枝だけが伸びてしまうと、台風などのときには、てきめんに倒れます。根腐れをしているような木も、大風が吹くとバターンと倒れてしまいます。

これは会社なども同じでしょう。土台がしっかりしていないのに、いろんなことに手を出すと、まず間違いなく失敗します。先代から会社を受け継いだ二代目が失敗するのはこのパターンです。自分の根がまだ小さいのに自分で立っていると勘違いしてしまうのです。

会社でも個人でも、最初は添え木が必要なのです。周囲の人たちの助けがあるから立っているのだと考えて、添え木となって支えてくれている方たちがいる間に、一所懸命自分で根を張っていく努力をする必要があるのだと思います。

いろんなことが根を張ることにつながります。表に出ない勉強をする。専門分野には直接かかわらないような学びを深める。それは根を張っていくときであろうと思います。そう考えると、日々のさまざまなことが根を養い、根を張ることにつながるのです。

◉目黒絶海老師の忘れられない二つの言葉

最近（二〇一七年）、相田みつをさんのご子息の相田一人さんと対談をさせていただきました。東日本大震災の話をしましたが、実は私は震災の前年に円覚寺の管長になりました。それまで私は寺の外に出るのが嫌で、外での講演などはまずしない人間でした。せいぜい年に一つ、それも嫌々していたほどでした。東京まで電車で行くのが嫌でしたし、横浜まで車で行くのも酔って気持ちが悪くなるようなぐあいでした。

震災の後に被災地に見舞いに行ってくれという話になりました。これは断るわけにはまいりません。電車は動いていませんから、車で行くしかない。もう死ぬかもしれないと、決死の覚悟で行きました。

ところが、東北を一回りして帰ってきたとき、「あ、そういえば車に酔うということを忘れていたな」と気づきました。全く平気だったのです。それからというもの、外に出るのが苦にならなくなりまして、今では皆さんのお役に立てばと講演なども引き受けるようになりました。東日本大震災を境に、私はすっかり変わってしまったのです。

昔の禅僧方を見ても、前半生と後半生で生き方がガラッと変わった方がたくさんいます。白隠禅師は四十二歳までは自分の修行のみでした。四十二歳から亡くなる八十四歳までは積極的に外に出ました。ちょうど人生の半分が修行時代、いわば根を張る時期だったわけです。そう考えると、私もひょっとしたら四十五、六歳になるまでが根を張る時期だったのかなと思いました。

そこで、私が自分の根を張ってきた体験を少しお話ししてみたいのです。

私が坐禅を始めたのは小学生のときです。小学校のときに坐禅にはまった理由は、私の『人生を照らす禅の言葉』のまえがきにも書きましたけれど、二つの出来事がきっかけになりました。一つは祖父の死です。満二歳のときに祖父が亡くなり、火葬場のかまどに祖父のお棺を入れて火をつけるという体験をして、死というものに疑問を抱くようになりました。それからもう一つ、小学生のときに親しい友人の死に直面して、その疑問はますます大きくなりました。

そうした疑問、あるいは死に対する恐れや不安を解決するために、私は子供なりにさまざまな書物を読み、お寺や教会にも通いました。そうした中で出会った円覚寺の朝比奈宗源老師の著書に心惹かれ、坐禅こそが問題解決の道だと思うようになりました。

幸いにして家の菩提寺では坐禅会が催されていました。その夏の坐禅会に参加した折に、由良の興国寺の目黒絶海老師にお目にかかりました。このとき一番印象に残っているのは、目黒絶海老師が話をするときに、「今日ここにお集まりの方はみんな仏様です」といわれて合掌されたことです。これには感動しました。

学校の先生からは、だいたい「お前はだめだ」「もっと勉強しろ」としかいわれません。それなのに、こんな偉い老師が私たちのことを拝んでくれるのですから、これは衝撃的でした。ここに一つの道があるなと思いました。中学生の頃には独参も許されて随分ご指導をいただきました。

その目黒絶海老師の忘れられない言葉が二つあります。一つは、**「すべってもころんでも　登れ　富士の山」**という言葉です。これは富士山の絵と一緒に書いていただきました。

言葉の意味は、読んだ通りです。滑って転んで登れないとしても、そこで諦めてしまったならばそれまで。何事をするにしても、滑らない、転ばないということはありえません。だから大事なのは、そこからもう一度立ち上がって登ることなのだ、ということです。

もう一つ、「これはすごい」と思ったのが、**「坐禅すれば、八百万《やおよろず》の神々が体の中におさまっている」**という言葉です。考えてみれば、私たちの体の中には六十兆もの細胞があって、私を生かそうとしているのです。

人間の血管の長さがどれくらいあるかご存じでしょうか？　人間の血管を全部つなぐと二十万キロにもなるそうです。それを一分間で血液が回るというのですから驚きです。そんな機械を作るとしたら、どれだけ大きな装置になるでしょうか。

そういう驚くべき働きが私たちの体にあるのです。それを目黒絶海老師は「八百万の神々が体の中におさまっている」と表現したのではないかと思います。まさに言い得て妙です。

◉誰も見ていなくとも自分にできることを精一杯

こうして坐禅を始めたわけですが、私自身の人生において一番大きかったのは龍源寺の前住職、松原泰道先生との出会いです。私が先生と初めてお会いしたのは中学生のときでした。ラジオでお話を聞いたのがご縁になりました。

その当時、NHKラジオで『宗教の時間』という番組がありました。そこで泰道先生が『法句経』というお経の講義を一月に一回ずつ十二回連続してされました。それを聞いて感銘を受けて、先生にお手紙を書きました。先生は見ず知らずの中学生に対して丁寧に返事をくださいました。そして中学三年のときに初めてお目にかかることができました。それが自分の今日の元を築きました。

先生は平成二十一年七月二十九日に百二歳でお亡くなりになりました。先生が亡くなってすぐに駆けつけました。するとお布団の中に横臥しておられる先生の傍らに、亡くなる五年前にあらかじめ書き残された遺言ともいうべき言葉（遺詞）が掲げられていました。

「私が死ぬ今日の日は、私が彼の土でする説法の第一日です」

死んでおしまいではないのです。今日この肉体が死ぬと同時に新たなところ、向こうの世界でお説法を始めるのだという先生の願いを表した言葉です。この遺詞を拝見したときには身震いするほどの感銘を受けました。

私は先生と初めてお会いしたときに、こんな言葉をいただきました。

「花が咲いている
精一杯咲いている
わたしたちも
精一杯生きよう」

この言葉から私は、真民先生の「木に学べ　草に習え」と同じ精神を学びました。

中学生であった私に、泰道先生は「人は花を見てもいろんな見方をする。ただきれいだなといって終わる人もいれば、花が咲いていても全く気がつかない人もいる。でも人間はその花から学ぶことができる。その花を見て何を学ぶかということが人間にとって大事だ」といわれました。

「あれをみよ　深山の桜　咲きにけり
まごころ尽くせ　人知らずとも」

これは松原泰道先生が早稲田大学を卒業する前に、友だちと箱根まで無銭旅行に行ったときに見つけた石に彫ってあったという歌です。まだ戦前の話です。

泰道先生は箱根の山の中を友だちと野宿をしながら旅をしました。お金を持たない旅ですから徒歩で行ったのでしょう。その途中で一休みをしていたところ、誰もいない、道もろくにないような山の中に桜の花が満開に咲いていました。それを見て感動していたら、友だちの一人が石に何か文字らしきものが彫ってあるのを見つけました。よく見て調べてみると、この歌が彫ってあったというのです。

後年、先生はこの碑をもう一度見たいと思って探しに行きましたが、どこをどう探しても見つからなかったそうです。それを思うと、何か不思議な、意味のあるメッセージがこめられているような気もします。

誰も見ていない深い山の中でも桜は精一杯咲いている。それと同じように、どこにいても自分にできることを精一杯やる。これは今日、皆さん方にお伝えしたい大事な大木に学ぶ心の一つです。

◉世界を天国にする生き方を実践した山田無文老師

高校時代にめぐり逢った方で、私が強く影響を受けたのが山田無文老師です。写真を見れば一目瞭然ですが、ちょっとこの世の人ではないような、まるで仙人のような方でした。

山田無文老師は私が高校生のとき、京都の妙心寺の管長に就任されました。その就任記念の話をラジオでしているのを聴いて、私は無文老師のことを知りました。その番組の中で無文老師は非常に独特な低い声で『論語』の顔淵《がんえん》篇にある言葉を引用されました。

「子曰わく、訴えを聴くは、吾猶お人のごときなり。必ずや訴え無からしめんか」

無文老師は中学生の頃、この言葉に出合ったそうです。それまで無文老師は弁護士か裁判官にでもなろうかと思い、愛知県の山の奥深くの村から東京に出て、早稲田中学で勉強をしていました。ところが、そのときにこの「裁判官になって裁きをすることは自分にもできるけれど、しかしそれは理想ではない。裁判など起こらない争いごとのない世界を作ることが自分の願いである」という言葉と出会い、人間として為すべき真実の生き方とは何かという疑問を抱いたのです。

そして、キリスト教の教会に行ったり、浄土真宗のお説教を聴きに行ったり、無文老師のお言葉によると「まるで餓えた犬が餌を貪るように」宗教の匂いのするところ、哲学の匂いのするところ、真実の匂いのするところをあちらこちらとさ迷い歩きました。その末に辿り着いたのが河口慧海《えかい》という、当時、チベットに密入国して日本にお経を持ち帰ってきたお坊さんのところでした（そのときの様子を綴った『チベット旅行記』という本は今でも講談社学術文庫などで手に入ります）。

河口慧海はチベットから持ち帰ったお経の講義をしています。私も長い間、そのチベットのお経は何かと調べていましたが、ようやく近年、このお経の現代語訳を手に入れることができるようになりました。それはチベット語でボーディチャリヤーヴァターラ、日本語でいうと『入菩薩行論《にゅうぼさつぎょうろん》』というお経です。

そのお経の中に、牛の皮のたとえ話があります。

「この地球を全部牛の皮で覆うならば、自由にどこへでも跣足《せんそく》（はだし）で歩ける。が、それは不可能である。しかし自分の足に七寸の靴をはけば、世界中を皮で覆うたと同じことである。この世界を理想の天国にすることは、おそらく不可能である。しかし自分の心に菩提心をおこすならば、すなわち人類のために自己のすべてを捧げることを誓うならば、世界は直ちに天国になったにひとしい」

牛の皮で地球のすべてを覆いつくすことはできません。しかし、人間は靴を履きますから、牛の皮でできた靴を履けば自由にどこへでも行けます。それは世界を牛の皮で覆ったのと同じようなものだろう、というのです。

それと同じように、この世界を争いのない、訴えごとのない、裁判も必要ないような理想の世の中にすることはおそらく不可能だけれども、各人が自分の心に菩提心を起こして「人類のために自己の全てを捧げます」と誓うならば、世界はすぐに天国のようになるだろう、というわけです。

この話を聴いて無文老師は「自分の求めていたのはこれだ」と思い、河口慧海のもとでお坊さんになって修行を始めたというのです。そんな話を無文老師はラジオでお話しになりました。それを聴いたとき、私は衝撃を受けました。と同時に、疑いも持ちました。まあ話としては理解できるけれども、本当にそんな生き方が可能なのだろうか、理想論ではないかと思ったのです。

そういう疑いの気持ちを抱いて高校生のときに無文老師にお会いする機会を得ました。お目にかかって、その風貌と雰囲気に圧倒されました。自分の疑問は一言も発することができませんでした。いや、発するまでもなかったのです。無文老師のお姿にふれた瞬間、私の疑問は消えてなくなりました。自分の目の前に、そんな理想のような生き方を実践された方がおられたのです。このとき、私は自分の生きる道は禅の道であると確信するようになりました。

◉何事も二十年辛抱しなければものにはならない

高校を卒業後、私は大学に進学しました。そしてめぐり逢ったのが白山道場師家の小池心叟老師です。白山道場は東京都文京区の白山通りにあります。今は私が住職を務めています。私は、この心叟老師のもとで出家得度をしてお坊さんになりました。

心叟老師にもいろんなことを教わりました。老師は九十二歳まで長生きされましたが、毎朝まだ誰も来ていないところでじーっと坐っておられました。坐っている姿は人間がすべて出ます。ごまかしが利きません。老師は非常に均整のとれた美しい姿で坐っておられました。腰骨が伸びた素晴らしい坐相です。普段坐っていない人がいきなり坐っても、こういう姿勢には決してなれません。

心叟老師はよく**「大馬鹿になれ」**といわれました。馬鹿になれというのは勉強をしなくてもいいということではありません。勉強しない馬鹿はただの馬鹿です。老師のいわれるのは、勉強した上で大馬鹿になるんだということなのです。

心叟老師の話もいろいろありますが、一つ面白いお話をしましょう。私は当時、筑波大学の学生でした。あそこは非常にキャンパスが広くて、学生でも車を持つのは当たり前でした。車を持たなくても、みんな学生時代に運転免許を取っていたと思います。私も免許を取ろうかなと思って、師匠にお願いしてみたのです。

「老師、ちょっと自動車学校に行って免許証を取ろうと思います」と私がいうと、老師は「そんなことはしなくていい」といわれました。なぜ取らなくてもいいか、その理由がすごい。「禅宗のお坊さんは坐禅して立派に修行すれば車が迎えに来る」と。いや、まいりました。こんなことをいわれて、山のお寺の住職になったら困るなあと思ったのですが、「車が迎えに来る」と師匠にいわれると、これはもう「ああ、そうですか」というしかありません。

それから二十年たちましたが、老師のお言葉のとおりになりました。今は必ず車が迎えに来てくれます。車だけではありません。円覚寺におりますと、JRの電車までが門の下まで来てくれます。

笑い話のようですが、これは**「一つの道に懸ける」**という教えでもあるのです。背水の陣といいますか、一つの道以外に逃げる道は作ってはいけないという教えなのだと思います。つまり「大馬鹿になれ」とは、一つのことを真っ正直にやれということであります。

また心叟老師は**「耐え忍ぶ」**ということも口酸っぱくいわれました。結局、私も修行というのは何をしてきたのかというと、ただ耐え忍ぶことをしてきたのです。

先日、森岡恒舟《こうしゅう》という筆跡鑑定をされる先生に筆跡を見ていただきました。村上和雄先生や鈴木秀子先生もご一緒していました。村上先生の字を見た森岡先生は「どんな違うものでも受け入れることのできる大らかさがある」といわれました。鈴木秀子先生は「肩書からいくと学者だと思っていましたが、まるで文学者のような繊細な字である」と診断されていました。その通りで鈴木秀子先生は文学者でもいらっしゃいます。

さあ、いよいよ私の番です。森岡先生は私の字を見て「うーん」と絶句されました。何をいわれるかと冷や冷やしていたところ、「この人はあらゆることを耐え忍ぶ性格ですなあ」といわれたのです。そういわれて私は非常に嬉しくなりました。耐え忍ぶ、もうこれだけが自分の今日だと思っています。筆跡にもそれが出ているのかと思い、嬉しくなったのです。

「大自然と一つになれ」というのも心叟老師の教えでした。そして口癖のように常にいっていたのが、**「桃栗三年、柿八年。柚子は九年で実を結ぶ。梅は酸いとて十三年、蜜柑、大馬鹿二十年」**という言葉です。何事も二十年辛抱しなければものにはならないということです。

私は大学を出て正式に修行僧として修行を始めました。それからの二十数年はやはり大馬鹿になるための修行であり、根を張る修行であったと今は思います。

◉仏教の教えは「ありがたい　もったいない　おもいやり」に集約される

円覚寺の先代管長、足立大進《あだちだいしん》老師には、修行時代に大変お世話になりました。足立老師は、もう向こうから噛み付いてきそうな、おっかない人でした。この方のお傍に私は二十数年お仕えいたしました。ほんとにおっかない人で、できるならば会いたくないと思ったほどですが、人間というのは変わるものです。老師は最近八十歳になられましたが、大変穏やかになりました。私に管長を譲られた後は、本当にいいお爺さんです。

足立老師からもいろんなことを教わりました。よく聞かれたのが**「なぜここにいるのか」**ということでした。外から坐禅に来た人たちに対しても、よく問われていました。中には質問の意図がわからない人がいて「横須賀線に乗ってきました」と答えていましたが、そういう問題ではありません。

自分がここにいるのはどれだけのものがかかっているのか、どうしてここにいることができるのか、その原因となるものはなんであるのかを尋ねているわけです。するとどうでしょう。親がいなければここにはいませんし、そのまた親がいなければここにはいません。では、自分のこの命を支えている根はなんなのか。これは足立老師から繰り返しいわれた教えです。そして、その答えを見いだすには自分で掘り下げるしかない。だから**「生命の根っこを掘れ」**とよくいわれました。

足立老師の教えからは、私たちがさまざまなご縁に生かされていることがよくわかります。そして、さまざまなご縁に生かされていることがわかると、いつも笑顔になれる。そして、どんなものごとに対してもお陰様という気持ちを持つことができるのです。それが晩年よくいわれていた、**「ご縁なり　いつも笑顔で　お陰様」**という言葉です。

そして管長時代の最晩年にいわれていたのが**「ありがたい　もったいない　おもいやり」**という三つの言葉でした。「仏教の教え、あらゆるお経を煮詰めて煎じ詰めるとこの三つに帰す。ありがたいと受け止めること、もったいないと感謝をすること、そして人に対する思いやりの心である。この三つだ。この三つの心を持っておれば、仏教のすべてを学んだに等しい」と教えていただきました。

足立老師のもとでも、私は根を張る重要な時期をしばらく過ごさせていただきました。

◉耐え忍んでいれば深くまで根を下ろすことができる

次に根を深めていくというお話をしたいと思います。相田みつをさんに「いのちの根」という詩があります。

なみだをこらえて
かなしみにたえるとき
ぐちをいわずに
くるしみにたえるとき
いいわけをしないで
だまって批判にたえるとき
いかりをおさえて

じっと屈辱にたえるとき
あなたの眼のいろが
ふかくなり
いのちの根が
ふかくなる

『にんげんだもの』（文化出版局刊）より

先ほど「耐え忍ぶ」というお話をしました。たとえば将来人の上に立とうとする人は、背負っていくものが大きい分、さまざまな試練に遭うことでしょう。しかし、それは耐え忍ぶしかないのです。それは決して悪いことではありません。耐え忍ぶことが多い分、自分の根が深く、広く張っていくことになるからです。

何もいいこともないのに文句だけいわれるのはつらいと逃げ出したらそれまでです。しかし、文句をいわれ、つらい目に遭いながら、この詩にあるように「なみだをこらえて　かなしみに耐え」「ぐちを言わずに　苦しみに耐え」「言い訳をしないで、だまって批判に耐え」「いかりをおさえて　じっと、屈辱に耐える」のです。

人間ですから、愚痴の一つ、言い訳の一つもいいたくなりますけれど、そこをじっと我慢して屈辱に耐える。そうすると「あなたの眼のいろが深くなる」。深く深く根を下ろしていくのです。そう思えば、きっと耐え忍んでいくことができるのではないかと思います。

◉自分の場所で自分にできることをする

今日は、臨済が深い山の中に松の木を植えた意図はいったい何か、という話から始めました。その一つの答えになる参考として、最後に「松の樹の皮」の話をしたいと思います。

松は長い年月が経過すると、皮が鱗《うろこ》のようになってきます。この皮に触れると剥《は》がれたりもします。それは松が大木に成長している証拠でもあります。

相田みつをさんにはたくさんの詩や言葉がありますが、私はその中でも「松の樹の皮」という詩が大好きで、ときたま引用させていただいています。

山路でつまづいたわたしは
思わず傍にあった
太い松の樹の幹に手をついた
しばらくの間手がしびれて痛かった

手を幹から放したとき手のひらに
薄い松の樹の皮がいっぱいついてきた
皮が幹から剥がれるまでに育った
この松の樹の年齢は少なくとも五十年？

そして　この松の樹を
ここまで育ててきた山の土の年齢は？
千年　万年　百万年？
それとも何億年か？
気が遠くなるような歳月をかけて

作られた山の土がなければ
この松の樹の存在はない
もし　この松がここになかったならば
わたしは急斜面をころがって
大ケガをしていたかも知れない

こう考えてくると
いまわたしが無事だったのは
この松の樹のおかげであり
松を育てた山の土のおかげなのだ
この山が　この土が
何億年かかってできたのか?
人間の知識や頭では
到底考えることができない
人間の思いや都合を

はるかに越えた天地自然の恵みのおかげだ
天地自然の恵み――土　水　空気
それは仏であり　神だ

わたしがどんな人間であろうとも
いまここに生かされているのは
すべて仏のはからい　神のおかげなのだ
それは誇張した考えでもなければ
うすっぺらな迷信でもない
合理的　具体的な事実なのだ

わたしは手のひらを合わせるように
手のひらについた松の皮を
山の土に返した

土がなければ松の木は育つことはできません。ところが土を見る人は少ない。我々は松の木にしか感謝をしません。最初にお話をした猿の話を思い出してください。我々は一点の現象しか見ない。でもその背景には、もっと大事なものがたくさん見えているのです。見えているけれども気がつかない。山の土というのも、その一つです。もしこの松がここになかったならば、急斜面を転がって大怪我をしていたかもしれない。打ちどころが悪くて、ひょっとしたら後遺症が残ったり、最悪は一命を落としたかもしれない。こう考えてくると、今、私が無事だったのはこの松の木のおかげであり、松を育てた山の土のおかげである、と相田みつをさんは書いています。

天地自然の恵みには、土、水、空気、太陽の光、風、雨など、いろんなものがあるでしょう。それらは決して見えないわけではありません。

目いっぱいに見えていながら気がつかない代表は空気でしょう。空気がなければ我々は生きていけません。だから、こういう大自然の恵みは神であり仏であると、相田みつをさんはいっているのです。

はじめに紹介した「猿跳んで一枝青し峰の松」の句を思い出して下さい。

まわりにいっぱいある雪には気がつきにくいのです。この詩の中の松の木は、相田みつをさんを救おうとしてそこに立っていたわけではありません。ただひたすら自分の与えられた場所で、自分の務めを果たしているだけです。

◉鈴木大拙の「松の自由」の教えに学ぶこと

鈴木大拙先生はこれを「松の自由」といいました。大拙先生は「自由という言葉を今日の人たちははき違えている」とよくいっていました。「フリー」という言葉を「自由」という言葉に当てているけれどそれは違うのだ、と。「フリー」は何かから解放される、逃れるという意味しかない。しかし「自由」は読んで字の如く「自らに由る」ものである。だから**「松は松の木であることが松の自由だ」**と大拙先生はいいました。

松は「こんなところでやっていけるか」と文句をいってどこかに動いていったり、あるいは松の木をやめて桜の木になったりはしません。そういうのは松の自由ではないのです。松が自ら与えられた場所で松の木であること、それが松の自由だと大拙先生はいうのです。本当に深い教えです。

自分の思いを超えたところで誰かの役に立つ、誰かを助ける。こういう偶然の出会いがないとしても、松の木がそこにあれば多くの旅人たちが憩い休んでいく木陰をつくることができます。あるいは鳥たちがそこに憩いの場をつくることもできます。

それは松の木が「ここに木陰をつくろう」とか「鳥たちのために場所を提供しよう」と考えたわけではありません。ただひたすら自らが松であることによってお役に立っているのです。

その松は大自然の恵みそのものです。山道で転びそうになった相田みつをさんが目にしたのは、パッと手をついた松だけだったでしょう。しかし、そのとき相田さんは、土、空気、水といった天地自然の恵みをそこに見ることができたのです。

木は
気を持つ
石は
意志を持つ

あなたは
何を持つか

これは坂村真民先生の「何を持つか」という詩。「石を思え」という詩もあります。

腹の立つ時は
石を見よ
千万年も黙って
濁世《じょくせ》のなかに
坐り続けている
石を思え

そして次は「大木を仰げ」という詩。

耐えがたい時は

大木を仰げ
あの
忍従の
歳月と
孤独とを
思え

私は坐禅をする前に必ず、腰骨を立てて、丹田に力を蓄え、長い息を吐くということをお話しししています。まず大木になった気持ちで背筋を伸ばすのです。

大木から学ぶことの一つは、必ず明るい方向に向かって枝を伸ばしていくということです。私たちも自分の一呼吸一呼吸から、光に向かって、よい方向に向かって、少しでも伸びていくんだという気持ちをもって一息一息呼吸をしたいものです。そして大地に深く根を張っていきたいものだと思います。

◉たった一人の人に感謝されればそれでいい

最後に「手」という詩をご紹介しましょう。

千も万もの手が
わたしをきびしく
打ちのめす日と
千も万もの手が
わたしをやわらかく
つつんでくれる日とがある

厳しく打ちのめされるときのほうが心に強く影響を与えるものですから印象に残りやすいのですが、必ずその分、柔らかく包んでくれる手もあります。必ず両方あるのです。

つまづいてもいい
ころんでもいい
これから先
どんなことがあってもいい
あなたにめぐり逢えたから

ひとりでもいい
こころから
そういって
くれる人が
あれば――

『にんげんだもの』（文化出版局刊）より

これは「ひとりでもいい」という相田みつをさんの詩の一節です。あの松の樹のように、相田みつをさんはここにこの松の樹があったから自分は救われたといいます。

足立大進老師はよくいっていました。「千人の人に講演するよりも、一人の人と話をして、ああよかったといってもらえる時の方が私は嬉しい」と。我々も一生涯を生きて、一人の人から「あなたにめぐり逢えてよかった」といってもらうことができればいいのではないかと思います。

歌人の九条武子さんの歌があります。

「百人《ももたり》のわれにそしりの火はふるも　ひとりの人の涙にぞ　足る」

たとえ百人千人の人から罵り謗られ大変な目に遭ったとしても、「あなたのお陰で」という人が一人いてくれたならば、私たちはそれで耐えることができるということです。

そういうようなことを「木に学べ　草に習え」と自分にいい聞かせて、一本の道を歩いて行くことにいたしましょう。

第五講

照らされて光る

——渾沌の世を生きる智慧

◉「鳥は飛ばねばならぬ」

昨年（二〇一六年）の暮れに『自選坂村真民詩集』が新装版となって出版されました。今年は（二〇一七年）酉年です。坂村真民先生も酉年生まれでいらっしゃいました。真民先生には鳥を詠《うた》った詩がたくさんあります。そこでまず、真民先生の「鳥は飛ばねばならぬ」という詩をご紹介させていただきます。

広い大きな海を思い浮かべて　そこに一羽の鳥がパーッと羽ばたいて飛んでいっているという、そんな情景を思い浮かべていただくといいと思います。

鳥は飛ばねばならぬ
人は生きねばならぬ
怒濤《どとう》の海を
飛びゆく鳥のように

混沌の世を生きねばならぬ
鳥は本能的に
暗黒を突破すれば
光明《こうみょう》の島に着くことを知っている
そのように人も
一寸《いっすん》先は闇ではなく
光であることを知らねばならぬ

新しい年を迎えた日の朝
わたしに与えられた命題《めいだい》
鳥は飛ばねばならぬ
人は生きねばならぬ

私としましては、この詩を読めばこれから話をしたいことはもう十分伝わっていると思っているほどです。そういいながらも私がこれからお話をしようと思いますのは、さまざまな良きご縁に恵まれたなということです。

私は和歌山県の熊野で生まれました。熊野新宮というところです。熊野本宮、熊野那智、そして熊野新宮という熊野三山、今は世界遺産として知られています。そして中学生のときですから十四歳ぐらいでありましょうか、松原泰道先生にめぐり会うことができました。そして高校生のときに坂村真民先生とご縁をいただきました。孔子は「十有五にして学に志し」といわれていますが、その十四、十五ぐらいのときに松原泰道先生や坂村真民先生という素晴らしい先生方にご縁をいただいたのです。

平成になってからは鎌倉の円覚寺で修行をさせていただき、今日に至るまで四半世紀を超えて円覚寺にいて、御開山である無学祖元禅師のお側でお仕えさせていただいています。このように非常にありがたいご縁に恵まれました。

今日は「渾沌の世を生きる智慧」ということで学んでいきたいと思っています。円覚寺は七百三十年にわたる長い歴史を持っています。私で第二百十八代です。文字通り、渾沌の世、鎌倉時代から室町、江戸時代、明治、大正、昭和という激動の時代を潜り抜けて今日まで法灯を伝えてきています。そこには何がしか皆様方にも参考になる智慧というものがあろうかと思います。そのへんをお伝えできたら、と思っています。

◉紀州熊野と円覚寺をつなぐ無学祖元禅師の詩碑

ただ今、私は紀州熊野に生まれたと申し上げました。そして今は鎌倉の円覚寺におります。紀州熊野と鎌倉の円覚寺とはおおよそ関係がないように思われます。しかしながら円覚寺の御開山の無学祖元禅師という方の詩の石碑が、私の知る限りでは日本国で唯一、私の田舎に一つだけあるのです。

この無学祖元禅師は、無学といいましても別に学がないわけではありません。もう既に学ぶべきものを学び尽くしたという意味の無学です。私どもの寺では多くは仏光国師と国師号でお呼びいたしております。

この無学祖元禅師の詩が刻まれた石碑が私の故郷にあるというのは、決して私が円覚寺の管長になった記念に建ててくれたというような話ではございません。それ以前から建っているものです。これはいったいどういうご縁なのでしょうか。

石碑には次の詩が刻まれています。これは無学祖元禅師が作られたもので、七言絶句の漢文です。

香を寄せて熊野大権現に焼献す
先生、薬を採って未だ曽て回らず
故国の関河、幾度の埃
今日一香聊《いささ》か遠きに寄す
老僧亦為に秦を避けて来たる

これだけ読んでも、この詩が何を意味しているのかわかりにくいと思います。これは徐福《じょふく》という中国の秦の時代の人を謳った詩です。

中国の歴史の中に秦の始皇帝という皇帝がいました。自分が初めて皇帝を名乗ったというので「始皇帝」といいます。紀元前二五九〜二一〇年頃の人です。あまり評判のいい皇帝ではありません。阿房宮《あぼうきゅう》と呼ばれる広大な宮殿を造り、贅沢を極めたような方だったようです。

その秦の始皇帝が人間のあらゆる欲望を満たした結果、最後に求めたのが不老不死の薬でした。始皇帝は徐福に「不老不死の薬を探してこい」と命じて旅立たせるのです。

この徐福が日本に渡来したという徐福伝説というものが日本各地に伝わっています。その一つに私の故郷和歌山県新宮市があります。私は生まれた頃からそんな話を聞いていましたから、今でも徐福がやってきたのは我が新宮市であると思っています。

紀元前の話ですから文献も何も全く残っていません。ところがなんと日本の文献の中で熊野に徐福が来ていたことを表している書物があります。それが円覚寺の無学祖元禅師の語録です。私の田舎に無学祖元禅師の詩碑が建っているというのは、そうした理由があるのです。

私は子供の頃から徐福の話も聞いて、うちの田舎には徐福の墓といわれているものもあります。お寿司屋さんには徐福寿司というものがあるぐらい親しまれていました。

それが今から三十年近く前になりましょうか、竹下登首相のときに「ふるさと創生事業」というものが行われることになり、全国の市区町村にそれぞれ一億円のお金が配布されました。そのお金を使って、それぞれの田舎でいろんなものを作りました。私の田舎では、その基金をもとにして、徐福の墓を盛大に整備しました。それは新宮市の駅を降りてすぐのところにありますが、今や立派な観光名所になっています。

◉ともに祖国を離れざるを得なかった無学祖元禅師と徐福

無学祖元禅師の詩碑は、そこからもう少し離れた阿須賀《あすか》神社の境内に建っています。この詩の中にある「先生」とは徐福のことです。「先生、薬を採って未だ曽て回らず」とは、「徐福先生は秦の始皇帝に命ぜられて不老不死の薬を採りに出かけて、いまだ祖国には帰っていない」という意味です。

次に「故国の関河、幾度の埃」とは、「その後、故郷の山や川は幾度も戦乱の血にまみれた」ということをいっています。無学祖元禅師も中国の方で、南宋で生まれ育った禅僧ですので、この故郷とは徐福の故郷でもあり、禅師の祖国でもあります。中国はご存じのとおり動乱の国です。夏《か》の国、殷《いん》の国、周の国、それから秦の国、漢の国ができて、三国時代を経て南北朝、そして隋の時代、唐の時代があり、五代の時代を経て北宋、南宋、さらにそれを元の国が滅ぼします。その後、明ができて、清ができて、中華民国、そして今日の中華人民共和国へと続いています。このように幾度も国が入れ替わっていくのです。幾度戦乱の埃にまみれたことでしょうか。

「今日一香聊か遠きに寄す」は、無学祖元禅師が「今、私は謹んで徐福先生に向かってお香を焚いてお偲《しの》び申し上げる」といっているのです。

そして結句は「老僧亦為に秦を避けて来たる」と。この「老僧」とは無学祖元禅師ご自身を表しています。「私も」という意味です。「秦を避けて来たる」とは「故郷を捨ててきた」ということ。これは徐福が秦の国を捨てたということを表しています。

徐福が秦に帰らなかった理由にはいろいろな説があります。不老不死の薬を採りに行ったけれども見つからなかったので、故郷に帰れなかったのかもしれない。あるいは、秦の始皇帝の暴政に耐えかねて故郷を捨て、新しい土地で暮らしたという説もあります。私の田舎では、徐福が紀元前の頃からそこに住んでいて、捕鯨や農耕を教えてくれたということになっています。今でも徐福が造ったといわれる石塀が残っています。

ともかく徐福は秦の国に帰るのを諦め、国を捨ててきたと伝えられています。それを無学祖元禅師はご自身の歩みと重ね合わせているのです。「私もまた故郷の南宋の国を離れざるを得なかったのだ」と、祖国を離れざるを得なかった万感の思いを徐福に託して詠っているのです。

◉日本初の国難、元寇に立ち向かった若き執権北条時宗

元寇《げんこう》というのは皆さんもお聞きになったことがあろうかと思います。渡部昇一先生の『決定版　日本人論』（扶桑社新書）という本の中に、日本が海外から本格的な襲撃を受けたのは二度しかないと書かれています。一つは第二次世界大戦、太平洋戦争のときのアメリカの襲来です。これは言うまでもありません。そしてもう一つは鎌倉時代に元軍の襲撃を受けた元寇です。

その元寇を題材に明治時代に作られた歌があります。

「四百余州《しひゃくよしゅう》を挙《こぞ》る　十万余騎《じゅうまんよき》の敵　国難ここに見る　弘安四年夏の頃　なんぞ怖れんわれに　鎌倉男子《だんじ》あり　正義武断《ぶだん》の名　一喝《いっかつ》して世に示す」

これは戦後も歌われましたので、ある程度ご年配の方にとっては懐かしい歌だと思います。

ここに「国難」という言葉が出ています。東日本大震災を機に「国難」という言葉がよく使われるようになりましたが、我が国の歴史の中で一番の国難として挙げられるのは、この元寇でした。そのときに元寇と真正面から向き合ったのが、鎌倉幕府の若き執権、十八歳の北条時宗でした。

元の使者が最初に日本に到着したときに、どう対処するかが話し合われました。そのとき幕府は、この十八歳の青年に日本の将来を託しました。時宗はよほど優秀だったのでしょう。

◉蒙古の大軍勢に必死で立ち向かった武将たち

第一回の元寇である文永の役が起きた文永十一（一二七四）年、時宗公は僅か二十三歳でした。これは大変な戦いでした。元の大軍は初めに対馬の国を襲いました。あの小さな島に三万とも四万ともいわれる軍勢が来襲したのです。多くの船団が島を取り囲み、千人ほどの兵士が上陸しました。

その当時、対馬は宗助国《そうすけくに》という人が領地を預かっていました。この人は七十歳近い高齢でした。今の六十代とは違って大変な高齢だと思います。今なら八十ぐらいの老兵だったのでしょう。しかし、それも厭《いと》わず、宗助国は自ら前線に立って何人もの元の兵士を討っていきます。必死の戦いでした。僅か八十数騎の手勢で千人の元の大軍に対して戦いを挑んだのです。しかし、残念ながら宗助国は討ち死にをしてしまいます。

その結果、対馬の国は元の兵士によって蹂躙《じゅうりん》されてしまいました。いろんな話が伝わっています。男子は悉く撲殺され、女性は手の平に穴を開けられ、それに縄を通してつないで連れ去られたとも伝えられる惨状でした。

さらに元軍は壱岐《いき》の国に兵を進めました。ここでは平景隆《たいらのかげたか》という人が必死の戦いをしますが、衆寡《しゅうか》敵せず、対馬に続いて壱岐も蹂躙されていきます。

とうとう元の大軍が九州の海岸に現れました。ここでは九州の豪族で少弐資能《しょうにすけよし》という、当時七十六歳の老兵が戦線に走っていきます。そして息子の少弐景資《かげすけ》と二人で獅子奮迅の活躍をして、景資が元軍の敵将である劉復亨《りゅうふくこう》を矢で射抜くのです。即死ではなかったようですが、それを目撃した元の兵士たちは怯《ひる》んで、海に帰って船で様子見をしていました。そのときに暴風雨が襲って元軍の船を一網打尽にして、元軍は灰燼《かいじん》に帰しました。これが文永の役です。

文永の役の翌年、再び元の使者が日本にやってきました。使者は鎌倉に連れてこられます。そのとき時宗公は、鎌倉の龍ノ口という浜辺で、その使者たちを斬首《ざんしゅ》しました。これにはさまざまな説、意見がありますが、私は時宗が日本の国が心を一つにして毅然として元の国と戦うという覚悟を示したものと思っています。

蒙古襲来に対して朝廷では亀山上皇が伊勢神宮に勅使を遣わせて敵国降伏をお祈りになりました。さらに、全国の神社仏閣の神官や僧侶たちにも、元の国に対して敵国降伏の祈りをするように言い渡されました。

一方、鎌倉武士たちは一致団結して、九州の海岸に簡単に上陸できないように石の防塁《ぼうるい》を築いて、再びの蒙古襲来に備えました。

◉無学祖元禅師が時宗に与えた「莫煩悩」の三文字

弘安四（一二八一）年の正月、北条時宗公は無学祖元禅師を訪ねました。無学祖元禅師は、文永の役のあと建長寺の大覚禅師がお亡くなりになったため、時宗公ご自身が特別に使者を立てて南宋の国からお招きした方です。当時の中国の禅の世界においても第一流の禅僧でした。

時宗公は無学祖元禅師をお招きして坐禅をし、日々鍛錬を怠りませんでした。国を守るには、まずその指導者が胆力という腹の力を練らなければなりません。胆力がないと決断力が出てきません。時宗公は坐禅によって胆力を練る修養を積みました。

弘安四年の正月に時宗公が訪ねてきたとき、無学祖元禅師は「莫煩悩」という三文字を与えました。「煩悩すること莫《なか》れ」、あれこれ考えすぎずに毅然として事に臨めということでしょう。

それから無学祖元禅師は時宗公に、「春から夏の間に博多で大きな戦があるだろう。しかし、心配することはない。さっと風が吹いて万艦は悉く追い払われてしまうであろう」と、まるで予言のように伝えました。

無学祖元禅師の言葉のとおり、この年の夏に弘安の役が起こりました。先ほどの元寇の歌にもありましたが、弘安の役では文永の役のときよりさらに元軍の兵力が増強されました。朝鮮半島を経てやってきた四万の軍勢に加えて、江南軍という十万の大軍勢が中国の江南地方から来襲しました。

鎌倉の武士たちは決して上陸はさせまいと一致団結して、海岸線を死守すべく戦い抜きました。元軍はいくら攻めても容易に上陸できず、しかも夜になると不利だというので船に引き揚げざるを得なくなりました。

そして船で休んでいる晩に、再び暴風雨が吹いて船が転覆し、明くる朝になると元軍は壊滅していたのです。

◉元寇を打ち破った背景にあった禅宗の精神修行

このことを「神風が吹いたから元の大軍が退治されたのだ」といわれることがありますが、そう簡単なものではありません。渡部昇一先生は先に挙げた『決定版　日本人論』という本の中に、次のように書かれています。

「最終的には神風がとどめをさす形で吹き荒れたのだが、そこに至るまでには、北條時宗を筆頭に、宗助国はじめ豪族たちの善戦があったことは言うまでもない。それで元軍は上陸しても海岸付近から先には進むことができず、ぐずぐずしているうちに台風がきたのであった」

また、渡部先生はありがたいことに禅宗も大変評価してくださっております。

「平安朝以来、それまで仏教といえば、僧侶も一般の人々も、仏前や菩薩像の前に護摩を焚いて平伏し、ひたすらオカルト的儀式によって御利益に与かることを願うというスタイルだった。だが、いくらこうしたことをやっていても、敵が来れば殺されるのだから、武士の感覚からして、こうしたやり方はどうしても肌に合わなかった。（中略）こうした中、颯爽たる禅僧を見たときに、武士たちはこぞって『これだ！』と、飛びついたのである。

そもそも禅宗とは、仏教というより精神修行そのものであるため、（中略）こうした精神鍛錬重視の教えが現実主義の武士の心には響いたのである」

「『護摩焚きオカルティズム』に終始する貴族たちが政権を握っていた場合、こうした実戦をまじえた外交政策、実質的なやり方ができただろうか。

この時代に偶然にも武士が台頭し、そこで執権が政権を握ったからこそ、日本は『元寇』で戦い、国難を逃れられたと言えるのだ」

実に元寇は鎌倉武士たちの必死の戦いだったのです。そして、その背景には禅による鍛錬がありました。それだけではなく、畏《おそ》れ多くも亀山上皇をはじめ、上は天皇より下は一般の農民百姓に至るまで悉く心を一つにして祈りを捧げ、国を一つにして国難に立ち向かいました。それがこの戦いに勝利した大きな要因となったのです。

◉敵味方を区別することなく平等に供養する

時宗公は、この元寇の戦いの後僅か三年で亡くなっています。まだ三十四歳の若さでした。このことを考えると、時宗公という方は、元寇に立ち向かうためだけにこの世に生まれてきた人ではなかったかと思うほどです。

時宗公は元寇が終わった翌年（一二八二年）十二月、亡くなった多くの兵士たちを弔うためにお寺を建立《こんりゅう》しました。そのお寺こそ、私が今お世話になっている円覚寺です。円覚寺で一番大切にしているお位牌に「文永弘安比彼両軍戦死溺水諸精霊」というものがあります。二度にわたる元寇の戦いで命を落とした兵士たちを「此彼」、敵も味方も区別せず平等に供養したのです。これが私ども円覚寺の根本精神です。

お位牌には敵とか味方という文字すらございません。此というのはこちら、彼というのはあちら。敵味方という見方をするのではなく、こちら側の兵士とあちら側の兵士という見方なのです。

無学祖元禅師も万感の思いであったでしょう。元寇で攻めてきた兵士たちの中には、祖国南宋の兵士たちも大勢含まれていました。それを敵と味方に区別することは耐え難かったと思います。そこで、やむなくこちら側と向こう側に分かれて戦わざるを得なかったけれども、戦いが終われば、こちら側も向こう側も亡くなった者たちは平等に供養をするということになったのです。この元寇による戦死者は今でも毎年ご供養をさせていただいています。

無学祖元禅師は時宗公よりも二十五歳も年上でしたが、時宗公がお亡くなりになったあとの法語で、「時宗公は齢四十にも満たない生涯であったが、その功績は七十歳を超えて生きた人にも勝るものがある。彼は感情的になることもなく、執権という立場にありながら驕《おご》ることもない実に立派な人物であった」と褒め讃えています。

頼山陽《らいさんよう》の「蒙古来」という長い詩の中に「相模太郎、胆、甕《かめ》の如し」という一節があります。今お話をしたように、一国の運命を僅か二十三歳の青年が背負って毅然として立ち向かっていかれた。相模太郎というのは時宗公が幼少の頃に名乗った名です。先の歌にもあった正義武断そのものを表すような名といっていいでしょう。胆とは腹です。腹が据わっている。それは大きな甕のように微動だにしないものであったと讃えられています。

◉心を鍛える五つの教え

そのような見方で時宗公が語られることが多いのですが、時宗公は生まれながらにして胆の据わった人であったのでしょうか。決してそうではありません。

円覚寺に伝わっている無学祖元禅師と時宗公の間に交わされた問答を読むと、時宗公の実像がよくわかります。以下にその問答をご紹介してみましょう。

時宗問うて曰く、「人生の憂苦、怯弱《きょうじゃく》を以て最となす、如何にして之れを脱せん」
祖元曰く「脱することは甚《はなは》だ易し、正《まさ》に怯弱の来処《らいしょ》を閉づべし」
時宗「怯弱何れより来たる」
祖元「時宗より来たる、試みに明日より時宗を棄捨《きしゃ》し来たれ」

人生にはさまざまな憂い悲しみがあると思います。そんな中で何がつらいか、何が苦しいか、何が悲しいかといえば、それは「怯弱」、気の弱いこと、臆病なこと、意気地がないことである、と。これはなかなか言い得ていると思います。

せっかく、「よし、やろう」と思っても気が引けてしまう。これが自分の道だと思っても途中で腰が引けてしまう。時宗公はそのように無学祖元禅師に対して打ち明けて相談しているのです。この一文からも、二人の親しい間柄がうかがい知れます。

時宗公は十八歳で執権になったからといって、決して自信満々ではないのです。自分は気が弱い、決断ができない、とよくわかっていました。だから、「如何にしてか之を脱せん」、つまり「どうすればこの気の弱さ、臆病さ、意気地なしから自分は逃れることができるでありましょうか」と祖元禅師に尋ねました。

すると無学祖元禅師は「脱することは甚だ易し、正に怯弱の来処を閉づべし」と答えました。「その気の弱さから逃れることは難しいことではないぞ。あなたの気の弱さはどこから出てくるのか、その出所を探して塞《ふさ》げばいいのだ」と。

そういわれたものの、時宗公は自分の臆病さがどこから来るのかわかりません。だから「怯弱何れより来たる」と。「禅師、私自身の気の弱さはいったいどこから来るのでありましょうか」と問いました。

無学祖元禅師は答えます。「時宗より来る」と。「それはあなたの心から来るんだ」というのです。おそらく時宗公はそこでひょっとしたら食い下がったかもしれません。「私自身、その気の弱さが嫌なのに、どうして私自身から来るといえるのでしょうか」と。それに対して祖元禅師は「試みに明日より時宗を棄捨し来たれ」といいました。「では一度、その時宗を捨ててみよ」ということです。

これはいわゆる公案、禅の問題です。我々修行している僧侶であれば、坐禅をしてひたすらこの問題に取り組めと指導するところでしょう。もちろん時宗公も坐禅をしたとは思いますが、執権という重職にありますから、いつも坐禅をしているわけにはいきません。

そこで無学祖元禅師は、「形だけの坐禅をするよりも、どんな仕事をしていてもどういうときにあっても、この五つの事柄に心を用いよ」と五つの教えを示されました。それが次の五つです。

一、外界の庶事《しょじ》に心意を奪わるる事勿《なか》れ。

「庶事」の庶は庶務の庶と同じで、「諸々」という意味です。「外の世界のさまざまな物事に心を奪われるな」といっています。

これは今日ではなかなか実践が難しいでしょう。外の情報が絶えず入り続けています。しかし、それをどこかで断ち切る時間を持つことは必要であろうと思います。常に外の情報ばかりに振り回されて、今であれば携帯電話やメールなどを気にばかりしていると、自分の心の力が衰えていきます。

一、外界の庶事物に貪著すること勿れ。

「外の世界のさまざまな物事に貪り拘《こだわ》ることをするな」ということです。食べ物を貪ったり、嗜好品《しこうひん》を貪ったり、人間にはいろんな貪りや拘りがあろうかと思います。もちろんある程度のことならばストレスの発散になるでしょうが、度を越してはいけません。頓着するものを持ってしまうと必ず注意が散漫になってしまうので、これに気をつけなさいということです。

賭け事などもそうでしょうし、お酒などの嗜好品もそうでしょう。ほどほどならばいいのでしょうが、それらが貪りや拘りや執着とまでなってしまうと、大切な判断力が鈍ってしまうことになりかねません。

一、念を止めんとする勿れ、念を止めざる勿れ、只一念不念を努めよ。

この「念」というのは「雑念」や「思い」です。よく「坐禅をすると何も考えないのですか、何も思わないのですか」と質問されます。しかし、それはまず不可能に近いことです。人間は何かを絶えず考えています。

それゆえに、「強いて雑念を止めようとする必要はない」というのです。しかしながら、雑念を止めないでそのまま放っておいてボヤッとしているのではだめです。では、どうすればいいのかというと、「只一念不念を努めよ」と。「一念」というのは、今、自分の目の前にあること、自分が努めていることです。そのことと一つになって、それ以外の思いは交えないようにしなさい、というのです。

つまり、無学祖元禅師は時宗公に対して、「仕事をしているときには、その仕事一つに集中しろ」といったのです。

坐禅というのは、自分が今やっていることに集中する訓練です。坐禅をしている間は何をしているかというと、呼吸をしているだけです。だから、坐禅をしているときは、その呼吸だけに集中するのです。

それと同じように、お茶を飲むときにはお茶を飲むことだけに集中する。ところが、油断をするとお茶を飲みながら他のことを考えてしまいます。あるいは、ご飯を食べながら「この後、何をしようか」と考えたり、お風呂に入りながら今日あったことをぐずぐずと悔やんでいます。今やっていることと自分の心とが離れてしまっているのです。

こういうのを「一念ではない」といいます。一つになっていないのです。そうではなく、「常に自分のやっていることに心を集中させて一つになれ」と無学祖元禅師は時宗公に教えています。

一、心量を拡大すべし。

「心量」というのは心の度量です。「心が心によって見るもの、聞くものの広さを持て」ということをいっています。

一、勇勢を保持すべし。

時宗公は鎌倉武士ですから、「勇猛果敢な志、気持ちというものを失うな」といっているのです。この言葉にしたがって、執権といえども弓矢の訓練、馬術や武道の鍛錬を常に欠かしませんでした。

以上のような五つのことを無学祖元禅師は時宗公に対して指導されました。そして、こういわれたのです。

「時宗よ、心を大空のように広く開け。すると四方から新しい考えが胸中に注ぎこむであろう」

原文は漢文ですが、意訳するとこういう指導をしてくれたわけです。時宗公は毎日のように無学祖元禅師のところに参禅して、このような問答をして心を鍛えていきました。

◉自分自身の弱さに打ち勝った時宗

そんな間柄のお師匠さんが弘安四年の正月に「莫煩悩」といってくれたわけです。大きな戦が起きるかもしれない。しかし煩い悩むこと莫れ、大丈夫だ、と。

私どもの円覚寺には、無学祖元禅師の「莫煩悩」というこの一言、この三文字には「千釣《せんきん》の重みがあるぞ」というふうに伝えられています。これが国を救った一つのものとでもありました。

煩い悩むな、きっと大丈夫だ。信頼している師匠からそのように励まされた時宗公は、怯むことなく勇猛果敢に第一線に立つことができたのでしょう。

もっともご自身は鎌倉からは一歩も出ていません。弟の宗政公を九州にやって戦わせています。しかし、この宗政公は元との戦いで大怪我を負って、鎌倉に戻ってきてすぐに亡くなってしまいます。

その弟さんを弔うために建てられたのが、鎌倉の浄智寺というお寺です。この頃は鎌倉にも大勢の観光客が訪れてくださっていますが、円覚寺や浄智寺においでの際には時宗公やその弟君のことを少し思い出していただければありがたいと思います。

時宗公は自分の弱さを克服していくために、無学祖元禅師のもとで修練を積んできました。

鍵山秀三郎先生に「自分を守ると自分が弱くなる」という言葉があります。自分を守ろうとすればするほど逆に自分が弱くなるというのです。だから無学祖元禅師も

「時宗を棄捨し来たれ」、自分を捨て去れといったのでしょう。

では、自分を捨てるということはいったいどういうことでしょうか。

「戦場に出ずる千たび、千人の敵に勝たんより、ひとり自己に勝つもの、彼こそ最上の戦士なり」

これは『法句経』にある言葉です。戦で千人の敵に勝つことよりも、自分自身に打ち勝つことこそ本当の勝者である、と。元寇の戦いのもとにあるのは、時宗公ご自身が自身に打ち勝ったことなのです。自分自身の弱さに打ち勝ったということがあればこそ、あの戦いを乗り切ることができたのでしょう。

◉精一杯が空回りしてしまった私の修行体験

時宗公の話はこれぐらいにして、「自己を捨てる」ということがいったいどういうことであるのかをもう少し考えてみることにしましょう。あまり昔の偉い人の話だとピンとこないかもしれませんので、卑近ではありますが、私自身の語るも恥ずかしい体験談を一つ紹介させていただこうと思います。

最初に申し上げましたように、私は中学生のときに松原泰道先生にめぐり逢いました。そのときに一つの言葉をいただきました。こんな言葉です。

「花が咲いている
精一杯咲いている
わたしたちも
精一杯生きよう」

私は自分の人生は松原泰道先生からいただいた言葉のとおり、精一杯生きて死んだということだけでいいといつも思っています。ですから、精一杯精一杯と思って努力をしてまいりました。しかし、努力はしているつもりでも、どこか空回りをしてしまう。過ち、思い違いをしてしまう。失敗をしてしまう。そんなことがあります。その一つをご紹介してみたいと思うのです。

私は大学時代に出家得度をしてお坊さんになりました。そして大学を卒業すると同時に京都に行き、禅の修行道場に入りました。意気軒昂で「よーし、坐禅をするんだ。坐禅をして悟りを開くんだ」という気持ちでまいりました。ところが、坐禅をしようと思って行ったのになかなか坐禅ができない、いや、させてもらえないという現実に遭遇しました。

もちろん修行道場というのは坐禅が中心の場所です。今でも道場では毎月一週間は他のことをせずに集中して坐禅をします。ただ、坐禅に集中するという修行をするためには、誰かが食事を作ったり、来客の応対をしたり、事務をしたりしなくてはなりません。そういう役目の者がいなければ、大勢の修行僧たちは坐禅に集中できないのです。だから、こういう役割が必ず必要です。

その役割が「よーし、坐禅をするんだ」と思って修行に行った私に与えられたのです。皆の食事を作ること、来客の応対、事務の仕事、買い物といった、坐禅をする以外の一切の仕事を一人で引き受けさせられたのです。そして、それがなんと一年、二年と続きました。

せっかく坐禅をするために来ているのに、皆が一週間坐禅をしている間、私は毎日ひたすら皆の食事を作っていました。まるで弁当屋になったのかと思うほどでした。これでは学校給食の会社で働いているのと変わらないではないか、と残念な気持ちでいっぱいでした。

それでも、少しでも早く仕事を片付けて、坐禅をする時間をつくろうと思って努力をしました。しかし、これが間違いだったのです。

先ほど申し上げましたように、今やっていることに集中するのが修行なのですが、私はそのときはまだわかっていなかったのです。そのため、「この仕事を早く終えて坐禅をしよう」と思っても心が一つになっていないので、空回りをしてしまうし、無駄が起きてしまう。よけいに心身が疲労してしまう、という結果になりました。

◉叩かれて湧いてきた怒り、憎しみ、ふがいなさ

毎年十二月になりますと、お釈迦様が十二月八日に暁の星を見て悟りを開いたという言い伝えにあやかって、私ども禅宗では一日から八日の明け方まで寝ずに修行します。このときは一週間横になりません。

しかしながら我々禅宗には断食というものがありませんので、食事はさせてもらえます。するとこの食事の当番が必要になります。

坐禅堂で修行をしている人たちは、掃除もせずにひたすら坐禅をします。ちょうどまた十二月の初旬は木々の葉が山のように散る頃ですから、大勢の人の代わりに掃除をしなくてはいけません。その他にも時間があったら食事の支度をするために買い物に行かなくてはなりませんし、電話が鳴っていれば応対をしなくてはなりません。坐禅のザの字も出ないということになります。

ようやく夜の十時十一時頃に仕事が片付きます。「よーし、これから自分の坐禅だ」と思って皆が坐禅をしているところに行って一緒に坐るのですが、心が無駄に空回りをしていますから、すでに疲労困憊《こんぱい》の状態です。気持ちは「よーし、坐ろう」と思っても、知らない間にウトウトと居眠りをしています。

気がついたらもう朝です。坐ったまま寝ているのです。それで「あ、しまったぁ」と。ですから、私が坐禅をして何を得たかというと、坐って寝ることだけが上手になりました。今でも坐ればどこでも寝ることができます。

そんなことを繰り返していたある晩、事件が起こりました。いつものように一所懸命仕事を片付けて、ちょっとでも坐禅をしようと思うのですが、気がついたら十一時になっていました。よし、これから坐禅だと思いながら、ウトウトしていました。

そのとき、私が坐っている後ろで誰かが坐っている気配を感じました。当時、修行道場で一番長い間修行をしている修行僧の頭の人が、私が坐っている真後ろに坐ったのです。しかも素手ではありません。警策《けいさく》という堅い棒を持って坐りました。

私はただならぬ殺気を感じました。これは寝てはいかんなと思うのですが、思うことと体が一致しません。いかんなと思いながらもウトウトしていると、後ろから大きな声が聞こえました。

「貴様！　お前は昼間坐禅を一つもせずに夜になって寝ているとは何事であるか！」

それから、まるで布団叩きの布団のように完膚《かんぷ》なきまでに叩かれました。私は腹が立ちました。何をいっているんだ。あなた方が坐禅をするために私は一所懸命身を粉《こ》にして働いているんじゃないか。私もあなた方のように朝から坐禅だけをしていれば寝たりはしないんだ。クタクタになって働いているから寝てしまうんだ。何いってるんだ、こんちくしょう！　と怒りがこみ上げてきました。

そのうちに憎しみが湧いてきました。なんでこんなことをいわれなきゃならないんだ。感謝されてもいいぐらいではないか、と。

私は一所懸命働いていましたから、「あの人はよくやってくれている」といわれるのならまだしも、まるで布団叩きの布団みたいに叩かれるのです。そんな気持ちが憎しみに変わったのです。

そして次には情けなさ、ふがいなさを感じました。禅の修行をしよう、しっかり坐禅をしようと思って意気込んでやってきたのに、こんな体《てい》たらくになってしまったという情けなさとふがいなさです。

怒りが憎しみになって、それが情けなさ、悲しみになり、最後には自分自身に呆《あき》れてポタリポタリと涙が流れ落ちてきました。どうしてこんなことになってしまったんだろう、と。

◉失意のどん底に落ちてこそ、光に気づくことができる

そんな失意のどん底でどれぐらいの時がたったかわかりません。私はさすがに眠れませんでした。そんなときです。今でもその情景を思い浮かべることができます。私

は本堂の前の庭に坐っていました。そこには池があって、池にはたくさんの鯉《こい》がいました。その鯉が夜中に跳びはねるということがたまにあります。そのときも鯉が水音を立てて跳びはねました。それと同時にハッと気がついたのです。

雲の隙間からお月様がすーっと光を差してきました。私どもはふだん薄暗いお寺の中で暮らしていますので、夜の月明かりがいかに明るいものであるかがよくわかっています。ほんとに本でも読めるぐらい明るいのです。そんなお月様の明かりのありがたさは十分わかっているつもりです。

雲の切れ間からすーっと差してきたお月様の光が庭全体を照らしました。庭木の一本一本、庭石の一つ一つ、それこそ松葉の葉っぱの一枚一枚に至るまでお月様の光に照らされていました。砂石も照らされて、一つ一つの砂が光を放っていました。

そしてまたこの自分も照らされています。私はその光の中ですべてが一つに溶け合っていくような感覚を覚えました。一つの光の中に自分自身も浸《ひた》っているような感慨に耽《ふけ》っていました。不思議なもので、ほんの少し前までは情けなく悲しい気持ちで流した失意の涙が、喜びの涙に変わりました。私は喜びの涙をポロポロと流しながら朝を迎えたのです。

坂村真民先生の詩を今では思い起こします。それは「すべては光る」という詩です。

光る
光る
すべては
光る
光らないものは
ひとつとしてない
みずから
光らないものは
他から
光を受けて
光る

お月様だってそうでしょう。お月様自身が光るわけではありません。お日様の光を受けて光っているのです。そしてそれが庭木を照らし、庭石を照らし、そしてこの私も照らす。照らされて光っているのです。

「我もなく　人もなければ　大虚空　ただ一枚の　姿なりけり」という禅の歌がありますが、このときの私はまさに自分と外の世界との隔たりがなくなり、一つの光の中に融け込んだような感覚でした。絶望や悲しみでポタポタと涙を流すような体験を経て、初めてこういう光に気がつくことができたのだと思います。

坂村真民先生には光を詠った詩がたくさんあります。その詩の一節に**「本当に光を知るためには闇を知らなければならない」**とありますが、まさにこれだったのです。失意、絶望のどん底に浸らなければ光を知ることはできないのです。**「日は一度沈まなければならない　光は一度闇にならなければならない」**。これも真民先生の詩の一節です。するとどういうことが起こるかというと、**「何もかも無くしたとき　何もかもありがたく　何もかも光り輝いていた」**（「ペルソナ詩語抄」）という世界と出会うことができたのです。

禅の生き方とはいったいどういうものかと聞かれると、私は「そうだなあ。どん底に落ちて微笑むことだろうねえ」と答えることがあります。どん底に落ちていったい何が見えてくるか、なのです。**「どん底に落ちたならば、そこから逃れようとしてはいけない。逃れようとすればするほど、ジタバタすればするほど苦しむ。どん底の底を掘れ」**という白隠禅師の教えもあります。

古の人たちは皆、こういう絶望、どん底を体験して教えを説いてくださったのでしょう。本願寺法主《ほうしゅ》の次女として生まれた歌人の九条武子さんは**「絶望に徹したときこそ真の道は開ける　真の力はそこに燃え出てくる」**といわれていますが、その通りだと思います。

◉無心になるととらわれがなくなる

絶望やどん底の景色というものは上から見たのではわからないのです。

最近、被災地の写真を撮り続けているという写真家の方に会いました。その写真家は、被災地の空を撮り続けたそうです。ずうっと被災地に通って、被災地の空を撮っているのです。この視点に私は感銘を受けました。もちろん地上の惨状も写ってはいます。しかし、そのときの空がどうであったかという視点で写真を撮っている。なるほどなあと思いました。

皆さんもご承知の有名な宮沢賢治は、僅か三十代で肺の病気で亡くなります。最期は喀血《かっけつ》をし、のたうちまわるような状況の中で、こんな詩を作っています。自分はいま血を吐いている　苦しい　惨憺《さんたん》たる状況だと詠いながら、「あなたの方からみたらずいぶんさんたんたるけしきでせうが／わたくしから見えるのは／やっぱりきれいな青ぞらとすきとほった風ばかりです」と。

どん底を上から見ている景色と、下に落ちて見る景色とでは違うのです。あなた方から見れば、若いのに喀血をして惨憺たる病の床にいるように見えるだろうが、自分に見えているのはきれいな青空と透き通った風だというのです。

先ほどお話をしましたように、私は完膚なきまでに叩いていただいたおかげで、それからは何かふっ切れたような気がしました。「そうだ、弁当屋のおじさんになればいいんだ、給食のおじさんになればいいんだ」と思ったのです。皆に喜んでもらうものを一所懸命作ればそれでいいではないかと思うようになると、「こんなはずではなかった」という思いがふっ切れたのです。

自分を守ろうとするから自分が弱くなってしまうのです。しかし、無心になるととらわれがなくなります。無心に働く人の輝き、とらわれのない人の大きさ、何もない人の豊かさといいますか、そういうとらわれのない働きというものを体験によって学ばせていただきました。それでこそ初めて、その時々に自分に与えられた務めを精一杯生きて果たし切ることができるのでしょう。

◉乾かなければ本物は摑めない

しかし、人間というのは過ちを繰り返してしまいます。私は三十半ばで禅の指導をするようにいわれました。そのときに自分がなかなか坐禅をすることができずに苦労した体験から、修行僧たちにはそんな苦労のないようにできるだけ坐禅をさせてあげよう、いくらでも坐る時間をつくってあげようと思ってやったのですが、うまくいきませんでした。いっこうに振るわないどころか、かえって効果が上がらないのです。

こんなに坐禅をさせてあげているのになぜうまくいかないのかと考えました。そこで改めて知りました。坂村真民先生が「乾く」ということをいわれています。乾く、餓え乾く。乾くということが大事である。乾かない人にいくらいい飲み物を与えても喜びも感謝もしない、と。その意味が初めてわかりました。

そういう立場になって初めて、「ああ、あのとき自分が少しも坐禅をさせてもらえなかったのはひどいことじゃない。慈悲だったんだ」とわかりました。

乾くように坐禅をしたいというところまで追い込んでくれたからこそ、初めて真剣に坐禅をすることができたのです。乾かない者にいくら時間やいい環境を与えても、喜びも感謝もないのです。

◉惰性でやっても何も身につかない

「勇猛の衆生の為には成仏、一念に在り。懈怠《けたい》の衆生の為には涅槃、三祇に亘る」

（沢水法語）

これは沢水《たくすい》禅師という方の言葉です。勇猛果敢な気持ちで修行をすれば仏になるのは一瞬だ。しかし、ずるずるだらだらやっていたならば永遠の長い時間がかかる、という意味でしょう。

私が毎年のように修行僧に話をする念仏婆さんの話があります。修行僧が少したるんでいるのが見えてくると、毎年必ずこの話をします。

ある村に念仏婆さんと呼ばれた一所懸命念仏を唱えているお婆さんがいました。お婆さんは何をするにしても「南無阿弥陀仏、南無阿弥陀仏」と唱えていました。台所で菜っ葉を刻みながら「南無阿弥陀仏、南無阿弥陀仏」、畑を耕しながら「南無阿弥陀仏、南無阿弥陀仏」、孫をあやしながら「南無阿弥陀仏、南無阿弥陀仏」と念仏を唱えるのです。それで皆から「念仏婆さん」と呼ばれていました。

その念仏婆さんが年をとって亡くなったところ、閻魔《えんま》大王の前に引き出されました。お婆さんは「自分はあれほど念仏を唱えていたのだから極楽は間違いない」と思っていたのに、なぜか閻魔大王の前に引き出されてしまったのです。

閻魔大王はじーっとお婆さんを見て、「うん、貴様は地獄だ、引っ立てーぃ」と鬼に命じました。お婆さんはびっくりしました。

「閻魔様、しばしお待ちくださいませ。もう一度よく調べてください。それは何かの間違いじゃないでしょうか。私は念仏婆さんと呼ばれるほど念仏をたくさん唱えてきましたので、地獄なんてことはありません。もう一度、もう一度調べ直して下さい」といって懇願《こんがん》しました。すると閻魔様は鬼に「あれを持ってこい」と命じました。

すると鬼は大きな荷車にいっぱいの荷物を持ってきました。そこにはお婆さんが唱えた念仏がいっぱい積んでありました。

お婆さんはそれを見て喜びました。「閻魔様、ご覧ください、あれが私の念仏です。こんなに唱えました」といったところにヒューッと強い風が吹いてきて、山のように積んだ念仏は全部風に飛ばされて散ってしまいました。

閻魔大王はいいました。

「婆さん、見ろ。お前はたくさん念仏を唱えたけれど、お前さんの唱えた念仏は皆、中身のない空《から》念仏だ。風が吹けば飛ぶような念仏をいくら唱えても極楽にやることは相ならん。引っ立てーぃ」

それを聞いて、お婆さんは「ああ、地獄か」とがっかりしました。

ところが、鬼が車を片づけようとしたときに、ハッと気がつきました。

「あ、閻魔様、お念仏が一つ残っておりました」

閻魔大王はすぐさまそれがいったいどういう念仏かを調べました。するとそれは、まだお婆さんが若い娘の時代に唱えた念仏でした。

「隣の村に使いに行ってこい」といわれて隣の村に行って帰ってくるときのことです。

だんだん雲行きが怪しくなって、遠くのほうで雷がゴロゴロと鳴り出しました。やがて、ピカッと稲光もしてきました。だんだん雷が近づいてきます。まだ娘であったお婆さんは雷が大嫌いでした。

やがて雨がボタボタと落ちてきました。ああ怖いなあと思いながら、近くの森の茂みの中に身を潜めて、雷をやり過ごそうとしました。両手で耳を押さえながら「南無阿弥陀仏、南無阿弥陀仏」と唱えました。だんだんだんだん雷が近づいてきました。

そのとき、ガラガラガラーーッと轟音《ごうおん》が鳴り響いたかと思うと、隠れていた目の前の大木に雷が落ちました。そこで思わず「南無阿弥陀仏！」と全身全霊で唱えました。荷車に残っていた一つは、そのときの念仏だったのです。それを見て閻魔大王はいいました。

「よし、これが一つあれば極楽に行ける」

人間は惰性というのが一番怖いのです。習慣にすることは大事ですが、惰性でいくらやっても、本当の智慧は開かれません。いくらいい言葉を唱えても、それが惰性になってはいけないのです。

我々は毎月『致知』を読んで、たくさんのありがたい教えや言葉を学んでいます。

いい言葉があれば書き留めたりいたします。しかし、これはいい言葉だ、これはいい話だといくらいっても、自分の身についていなければ意味はないのです。

森信三先生は「『致知』が十万部を超えたら日本は変わる」といわれました。十万部を超えた現在、私はもう少し日本がよくなってもいいのではないかと思うのですが、皆さんはいかがでございましょうか。あれだけ素晴らしい『致知』を毎月出していただいて、それで日本がよくならないというのは読み手の問題ではないのかと、私は反省をするのです。

◉一寸先は闇ではなく光である

「殷鑑《いんかん》遠からず」という言葉があります。「歴史に学べ」ということです。我々が学ぶべきことは歴史を見れば必ず見つかるということです。真民先生にも「歴史に学べ」という詩があります。こういう詩です。

ギリシャも

ローマも滅んだ
こうした国の歴史が
教えるもの
いかなる大国も
いつかは滅びるのだ
これが歴史だ
小さい国日本よ
大国を相手にして
無謀な戦争をし
建国の精神さえ亡失し
どこの国の者か
わからない精神の持主が
増えてきた
かつての日本人は
豊かな心を持ち

清く明るい温かい心の持主だった
ところがいまの日本人は
自分のことしか考えない
冷たい者になってしまった
車時代となり
母なる大地のぬくもりを知らない人間たちの
辿る運命よ
母なる大地に生きる動物たちの
なんという愛の深さよ
愛する祖国の現状を思い
拙ない詩を作り
二〇〇三年元旦の詩とした
ああ若いこれからの人よ
初日を吸飲し
希望の人となれ

真民先生は平成十八（二〇〇六）年に亡くなっています。でもその後、日本は良くなっているでしょうか。もしご存命であれば、もっとこれではいけないという詩を書かれたのではないかと思います。

度々《たびたび》ご紹介をいたしました渡部昇一先生の『決定版　日本人論』の中には国難についてこう書かれています。

「……『国難』といわれてまずどんなことを思い浮かべるだろうか。おそらく、北朝鮮のテポドンか日本のどこかに潜むテロリストかといったところだろう。確かに、こうした外敵を想像することがもっとも見えやすい国難のもとではあろう。

しかし、どんなに重大な国難が迫ってきたとしても、日本人のアイデンティティーが確立されていれば、怖いものはない。いってみれば、アイデンティティーをなくすことが、最大の国難なのである」

その通りだと思います。アイデンティティー、日本人の日本人らしさを失ってしまうことこそが一番の国難なのです。

私どもはありがたいことに先賢の教えを学ぶことができます。儒教は数千年にわたって伝えられた東洋の素晴らしい教えですし、私どもの仏教では、お釈迦様以来、二千数百年にわたって伝えてきた教えもあります。それから日本には日本古来の神道の教えもあります。

この神儒仏《しんじゅぶつ》の三つが渾然《こんぜん》と一つになったところが、日本人の心の素晴らしいところでしょう。その一つになった教えが随所に出て表れているのが、私は坂村真民先生の詩であると思って学ばせていただいています。

先賢の教えを学んで、光るのはお互いの心です。**「心が花開いて十方《じっぽう》の世界を照らす」**という禅の言葉があります。古の教えを学んで心を照らしていく。そしてお互いの心が周りを照らしていく。いっぺんに全世界を照らして日本を良くすることまではできなくても、努力をすれば身近なところを照らしていくことはできるはずです。

決して難しいことではありません。明るい笑顔で接する、優しい言葉をかける、思いやりのある眼差しで見つめていく。こういう気持ちで一人一人が照らし合っていけば、きっとやがてその光は一つの大きな光となっていくことでしょう。

「一寸先は闇ではなく光である」と、この年の初めにあたってそう信じてまいりたいと思います。その力こそ渾沌の世を生きていく智慧ではないかと私は思います。

あとがき

私が、坐禅の道に触れたのはまだ十歳の頃でした。二歳の時に祖父の死に触れて、小学校時代に同級生の死に接して、子供ながらに死とは何か、どう生きたらいいのかを考えるようになりました。

そんな折に、近くのお寺の坐禅会に参加したのがご縁となり、それ以来坐禅の一道を歩んで今日に到りました。

学生時代には、お寺に行っては坐禅ばかりしている変わり者として見られていました。まして況んや、大学を出て修行道場に入ったのですから、誰にも相手にされないでいました。長い修行時代はそのように、誰にも知られずに過ぎてしまいました。

誰かのお役に立とうなど夢にも思わずに、ひたすら坐禅をしてきた私が、この頃求めに応じて講演をし、書物を出版するようになるとは、夢にも思わぬことで、つくづくと人生は不思議なものだと感じています。

私が平素尊敬してやまない方は、一遍上人や道元禅師、山岡鉄舟居士などですが、今思えば、一遍上人は五十歳、道元禅師は五十三歳、山岡鉄舟は五十二歳で亡くなっています。今の自分はもうすでにその年齢を超えているのであります。すぐれた先人たちの残されたものの大きさに比べて、自分はなにも成し得ていないことに愕然とします。

それでも、先人たちの目指したものを、自分も目指して一歩一歩弛まぬ努力を続けてゆこうと思っています。

そんな私の一里塚のようなものが本書であります。

またこの度もたくさんの坂村真民先生の詩を引用させてもらいました。真民詩の引用をご快諾くださった坂村真民記念館の西澤孝一館長、真美子夫人には心より感謝いたします。

拙い講演をこうして上梓してくださった、致知出版社の藤尾秀昭社長、柳澤まり子副社長、編集担当の小森俊司様には心から御礼申しあげます。

平成三十年一月

円覚寺　横田 南嶺

本書は弊社主催の講演をもとに加筆・修正を加え、
刊行するものです。

【第一講】
平成27年『禅の名僧に学ぶ生き方の知恵』出版記念講演会
【第二講】
平成27年度 後継者育成塾
【第三講】
平成28年度 後継者育成塾
【第四講】
平成29年度 後継者育成塾
【第五講】
平成29年 新春特別講演会

〈著者略歴〉

横田南嶺（よこた・なんれい）
昭和39年和歌山県生まれ。62年筑波大学卒業。在学中に出家得度し、卒業と同時に京都建仁寺僧堂で修行。平成3年円覚寺僧堂で修行。11年円覚寺僧堂師家。22年臨済宗円覚寺派管長に就任。著書に『禅の名僧に学ぶ生き方の知恵』『人生を照らす禅の言葉』、選書に『坂村真民詩集百選』、DVDに『照らされて光る —混沌の世を生きる智慧』、CDに『「十牛図」に学ぶ』（いずれも致知出版社）などがある。

禅が教える人生の大道《たいどう》

平成三十年一月三十日第一刷発行

著者　横田南嶺
発行者　藤尾秀昭
発行所　致知出版社
〒150-0001東京都渋谷区神宮前四の二十四の九
TEL（〇三）三七九六—二一一一
印刷　㈱ディグ　製本　難波製本

ISBN978-4-8009-1168-1 C0095
ホームページ　http://www.chichi.co.jp
Eメール　books@chichi.co.jp

人間力を高める致知出版社の本

人生を照らす禅の言葉

横田南嶺 著

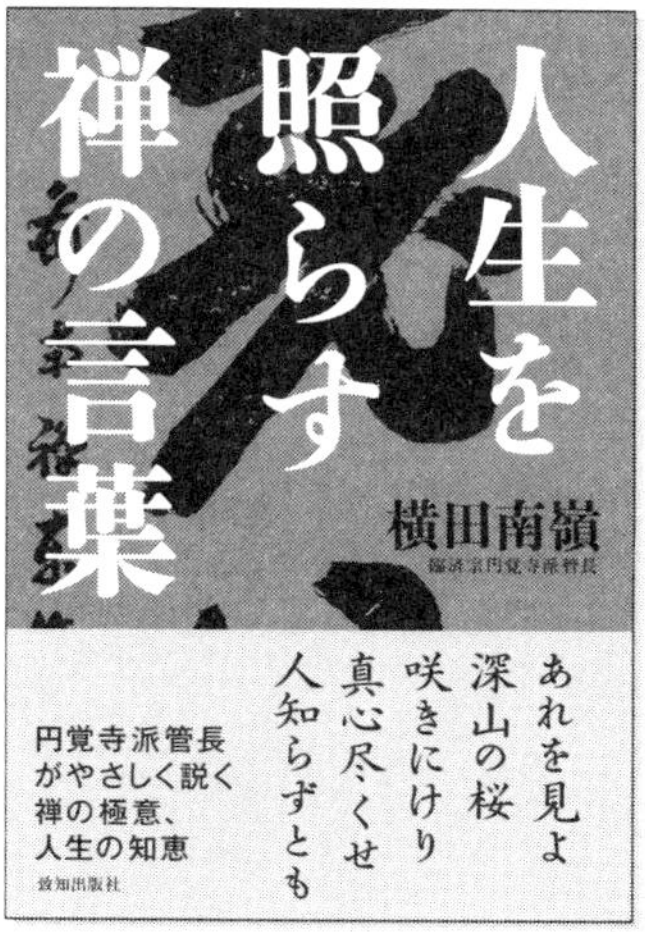

月刊『致《ち》知《ち》』の人気連載「禅語に学ぶ」が初の単行本化。
円覚寺派管長がやさしく説く28の禅語に
人生を生き抜く知恵を学ぶ。

●四六判上製　●本体＝定価1,500円＋税

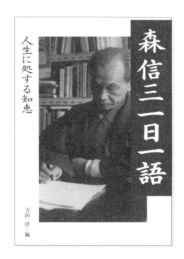